English Mandarin Chinese

Conversations for Tourist

John Willy

SSMB BOOK PUBLISHERS

Published by
SSMB BOOK PUBLISHERS SDN BHD (705215-D)
Block B, Unit 3-13, PJ Industrial Park,
Jalan Kemajuan, 46200 Petaling Jaya,
Selangor Darul Ehsan, Malaysia.
Tel.　　: 603-7955 4890
Fax.　　: 603-7957 6026
Email　: *ssmbmal@yahoo.com*

Reprint 2012

Copyright Reserved
© SSMB BOOK PUBLISHERS SDN BHD 2012

ALL RIGHTS RESERVED. No part of this book may be reproduced, stored in a retrieval system, or transmitted in any form or by any means – electronics, mechanical, photocopying, recording or otherwise – without the prior permission of the copyright owner.

Perpustakaan Negara Malaysia　　Cataloguing-in-Publication Data

Willy, John.
　English Mandarin Chinese conversations for tourists / John Willy.
　ISBN 978-983-3559-53-4
　1. English language--Conversation and phrase books--Chinese.
　2. Chinese language--Conversation and phrase book--English.
　I. Title.
　428.34951

Printed by
RV Warnam Sdn Bhd
72A, Jalan Batu 4 1/4
Jalan Ipoh
51200 Kuala Lumpur

Contents

Preface		V
1. Among Us	我们之间	1
2. Among Friends	朋友之间	5
3. Getting to Know	见面认识	11
4. Opinion and Ideas	意见和看法	13
5. Making Plans	拟定计划	17
6. Making Decisions	作出决定	21
7. Advice and Opinions	劝告与意见	23
8. Asking for Favors	叫人帮忙	27
9. Telephone	电话	29
10. Kitchen	厨房	33
11. Dining Room	餐厅	39
12. Market	市场	45
13. Shopping Centre	购物中心	49
14. Hawker Centre	小贩中心	55
15. Seafood	海鲜	59
16. A Hotel	酒店	63
17. To a Film Show	看电影	71
18. Asking for Directions and Information 询问方向和消息		75
19. Going out for the Evening 夜晚出门		77
20. Appointments	约会	81
21. Visiting the Doctor	看医生	85

22. Preparations to Travel	准备去旅行	89
23. On the Road	在路上	93
24. In the Bus	在巴士里	97
25. Taxi	德士	101
26. Taking a Train	乘火车	107
27. MRT	地铁	113
28. Day and Time	星期与时间	119
29. The Words You Should Know 您应当知道的词儿		123
30. Numeral	数目	127
31. Future Activities	未来活动	129
32. The Weather	气候	133
33. Sickness and Health	病与健康	135
34. Hobbies	嗜好	137
35. Recreation and Sports	消遣与运动	141
36. Music and Literature	音乐与文学	145

PREFACE

English, Mandarin and Chinese Conversations for Tourists is designed for those who want to master Mandarin and Chinese. The main part of this book presents all basic sentence patterns of colloquial Chinese and Mandarin. The vocabularies and structure of sentences are selected to suit today's requirements.

This book is simple, practical and can be used at any time or place. This book has been compiled keeping in mind the interests of those who want to learn three languages in an easy and systematic way. This book is suitable for those who want to study Mandarin and Chinese on their own.

We believe that this book will be helpful to general public and students who are interested in learning new languages in order to keep abreast of the new demands for communication in this age of globalization.

$Q = ch$

Among Us 我们之间

Vocabulary

I, me	wǒ	我
You	nǐ	你
All of you	nǐ men	你们
They, them	tā men	他们
He, him, she, her	tā	他
We, us, you and I	wǒ men	我们
Us, he/she and I	wǒ men	我们
This, these	zhè	这
That, those	nà	那
My, my book	wǒ de, wǒ de shū	我的, 我的书
Mine	wǒ de	我的
This is my book	zhè shì wǒ de shū	这是我的书
Your, yours	nǐ de	你的
His, her	tā de	他的
This is his/her book	zhè shì tā de shū	这是他的书
It, its	tā, tā de	它, 它的

ENGLISH MANDARIN CHINESE CONVERSATION FOR TOURISTS

What	shěn me *Sǔn mah*	什么
Who	shuí *Sway*	谁
When	shěn me shí hòu	什么时候
Where	shěn me dì fāng	什么地方
Here	zhè lǐ	这里
There	nà lǐ	那里
Teacher	jiào shī	教师
Friend	péng yǒu *Pung Yo*	朋友
Live, stay	zhù	住
Come, came	lái	来
See	kàn *Cun*	看
Can, cannot	kě yǐ, bù kě yǐ	可以, 不可以
Do not, don't	bù yào	不要
Go, goes	qù *chūe*	去
Run	pǎo	跑
Eat, eating	chī, zhèng zài chī	吃, 正在吃
Speak	shuō *Shwa*	说
Want	yào	要
Wait	děng *dung*	等

Sentences

I want to eat.	wǒ yào chī	我要吃。
I want to go.	wǒ yào qù	我要去。
You can go.	nǐ kě yǐ qù	你可以去。

AMONG US

Don't look at him.	bié kàn tā	别看他。
Can I come?	wǒ néng lái ma	我能来吗?
Can I come in?	wǒ néng jìn lái ma	我能进来吗?
I don't want to come.	wǒ bú yào lái	我不要来。
I will be going.	wǒ huì qù	我会去。
Ask him to come here.	Jiào tā guò lái	叫他过来。
He wants to speak.	tā yào shuō huà	他要说话。
They cannot run.	tā mén bù néng pǎo	他们不能跑。

Conversation

Hello!	hā luó	哈罗!
Good morning.	Zǎo ān	早安
Good evening/afternoon.	Wǎn shàng hǎo, wǔ ān	晚上好/午安
How do you do?	nǐ hǎo ma	你好吗?
Quite well, thank you.	Hěn hǎo, xiè xie	很好,谢谢。
What is that?	zhè shì shěn me	这是什么?
This is a book.	zhè shì yī běn shū	这是一本书。
This is my book.	zhè shì wǒ de shū	这是我的书。

3

This book is mine.	zhè běn shū shì wǒ de	这本书是我的。
Who is he/she?	tā shì shuí	他是谁？
He/she is my friend.	tā shì wǒ de péng yǒu	他是我的朋友。
He/she is my teacher.	tā shì wǒ de lǎo shī	他是我的老师。
Is he/she in?	tā zài ma	他在吗？
No, he/she is not in.	bù, tā bú zài	不，他不在。
Yes, he/she is.	Yǒu, tā zài	有，他在。
He/she is eating.	tā zhèng zài chī fàn	他正在吃饭。
Can you wait?	nǐ néng děng ma?	你能等吗？
Sorry, I cannot wait.	duì bù qǐ, wǒ bù néng děng	对不起，我不能等。
Can you come again tomorrow?	nǐ néng míng tiān zài lái ma	你能明天再来吗？
No, I cannot.	bù, wǒ bù néng	不，我不能。
Where do you live/stay?	nǐ zhù zài na lǐ	你住在哪里？
I live/stay in Toa Payoh.	wǒ zhù zài dà bā yáo	我住在大芭窑。
I will come again next week.	wǒ xià xīng qī huì zài lái	我下星期会再来。

Among Friends
朋友之间

Vocabulary

Call	Jiào	叫
Bring	Dài	带
Give	Gěi	给
Take	ná	拿
Please	Qǐng	请
Look for	Zhǎo	找
Buy	Mǎi	买
Sell	Mài	卖
Now	Xiàn zài	现在
To fetch	Dài	带
Tell	Gào sù	告诉
Point	zhǐ	指
Show	Zhǎn shì	展示
Opinion	yì jiàn	意见
Wide	Kuān	宽
Stage	wǔ tái	舞台
Last year	qù nián	去年

ENGLISH MANDARIN CHINESE CONVERSATION FOR TOURISTS

Sentences

You can go now.	nǐ xiàn zài kě yǐ qù le	你现在可以去了。
Take that.	ná qù	拿去。
Call him here.	Jiào tā lái	叫他来。
I want to buy a radio.	wǒ yào mǎi jià shōu yīn jī	我要买架收音机。
Go and call Mr. Musa.	qù jiào musa xiān shēng lái	去叫Musa先生来。
Go and fetch Mr. Hassan.	qù qǐng Hassan xiān shēng lái	去清Hassan先生来。
He calls a man.	tā jiào le yī gè rén lái	他叫了一个人来。
I saw him this morning.	wǒ jīn zǎo kàn jiàn tā	我今早看见他。
She got a job.	tā zhǎo dào yī fèn gōng zuò	他找到一份工作。
They don't think properly.	tā men méi yǒu hǎo hao de xiǎng	他们没有好好的想。
He drives a motor car.	tā kāi zhe yī liàng chē	他开着一辆车。
Excuse me.	duì bù qǐ	对不起。
What is the matter?	Shén me shì	什么事?
It does not matter.	Méi shěn me	没什么。
What do you want?	nǐ yào shěn me	你要什么?

AMONG FRIENDS

Who is that man?	nà gè rén shì shuí	那个人是谁?
You are very kind.	nǐ de rén zhēn hǎo	你的人真好。
I shall never forget you.	wǒ bù huì wàng jì nǐ	我不会忘记你。
Where does he come from?	tā cóng ná lǐ lái	他从哪里来?
What is your name?	nǐ jiào shěn me míng	你叫什么名?
My name is Abdullah.	wǒ jiào Abdullah	我叫Abdullah。
I come here to see him.	wǒ lái zhǎo tā	我来找他。
He wants to borrow my book.	tā xiǎng jiè wǒ de shū	他想借我的书。
You can leave the book here.	nǐ kě yǐ bǎ shū liú xià	你可以把书留下。
This is the book.	jiù shì zhè běn shū	就是这本书。
Thank you, see you again.	xiè xie, zài huì	谢谢, 再会。
Goodbye.	Zài huì	再会。

Conversation

| Who is that man, Abdullah? | nà gè rén shì shuí, Abdullah | 那个人是谁, Abdullah?" |

He is a friend of mine.	tā shì wǒ dè péng yǒu	他是我的朋友。
He is Mr. Tan Eng Cheng.	tā shì chén yīng chéng xiān shēng	他是陈英诚先生。
He is your friend too.	tā yě shì nǐ de pěng yǒu	他也是你的朋友。
He is our friend.	tā yě shì wǒ men de péng yǒu	他也是我们的朋友。
Ask him to come in.	Jiào tā jìn lái	叫他进来。
You are very kind.	nǐ derén zhēn hǎo	你的人真好。
Mr. Tan, come in please!	Chén xiān shēng, qǐng jìn lái	陈先生,请进来。
Thank you, Mr. Musa.	xiè xie, Musa xiān shēng	谢谢,Musa先生。
Long time we haven't seen each other.	wǒ men hǎo jiǔ méi jiàn	我们好久没见。
How is your family?	nǐ jiā rén hǎo ma	你家人好吗?
Very well, thank you.	Hěn hǎo, xiè xie	很好,谢谢。
Please have a seat.	Qǐng zuò	请坐。
Would you like to have a drink?	nǐ yào hē shuǐ ma	你要喝水吗?

AMONG FRIENDS

Thank you, I just had mine.	xiè xie, wǒ gāng hē le	谢谢，我刚喝了。
Are you looking for something, Mr. Tan?	nǐ shì zài zhǎo dōng xī ma, chén xiān shēng	你是在找东西吗，陈先生？
Yes, I want to buy a radio.	shì, wǒ yào mǎi yī jià shōu yīn jī	是，我要买一架收音机。
I will take you to a radio shop.	wǒ huì dài nǐ qù shōu yīn jī diàn	我会带你去收音机店。
Thank you, shall we go now?	xiè xie, wǒ men xiàn zài kě yǐ zǒu le ma	谢谢，我们现在可以走了吗？
Let us go to the radio company.	Lái wǒ mén qù shōu yīn jī gōng sī	来我们去收音机公司。

Getting to Know
见面认识

Conversation

Where do you live?	nǐ fǔ shàng zài nǎ lì	你府上在哪里？
I live in Yishun.	wǒ zhù zài yì shùn	我住在义顺。
What's your address?	nǐ zhù zài nǎ gè dì zhǐ	你住在哪个地址？
I live at Yishun Avenue 3.	wǒ zhù zài yì shun sān dào	我住在义顺三道。
I'm Mr. Chan's next door neighbour.	wǒ shì chén xiān shēng de gé bì ling jū	我是陈先生的隔壁邻居。
You live here in the city, don't you?	nǐ zhù zài zhè shì qū lǐ, shì ma	你住在这城市区里，是吗？
I'm from out of town.	wǒ shì lái zì shì zhèn wài	我是来自市镇外。
How long have you lived here?	nǐ zhù zhè lǐ yǒu duō jiǔ	你住这里有多久？
I've lived here for five years.	wǒ zhù zài zhè lǐ yǒu wǔ nián	我住在这里有五年。

He's known me for over ten years.	tā rèn shì wǒ yǐ chāo guò shí nián	他认识我已超过十年。
Do you know how to speak English?	nǐ xiǎo de jiǎng yīng yǔ ma	你晓得讲英语吗?
I've stayed here all my life.	wǒ yī bèi zǐ zhù zài zhè lǐ	我一辈子住在这里。
Have you read this book?	nǐ yǒu yù dú guò zhè běn shū ma	你有阅读过这本书吗?
I've already read that book.	wǒ yǐ jīng yuè dú guò le	我已经阅读过了。
Has he studied French very long?	tā xué fǎ wén hěn jiǔ le ma	他学法文很久了吗?
Yes, about three years.	shì de, yuē yǒu sān nián	是的,约有三年。
Have you had breakfast already?	nǐ yǐ jīng yòng guò zǎo cān le méi yǒu	你已经用过早餐了没有?
Yes, I had breakfast two hours ago.	shì de, wǒ yǐ yú liǎng xiǎo shí zhī qián yòng guò zǎo cān	是的,我已於两小时之前用过早餐

Opinion and Ideas
意见和看法

Conversation

What do you think of this dress?	nǐ rèn wéi zhè fú zhuāng zěn yàng	你认为这服装怎样？
The colour is very bright.	sè cǎi fēi cháng xiān lì	色彩非常鲜丽。
It suits you very well.	Fēi cháng shì hé nǐ chuān	非常适合你穿。
Certainly. You're absolutely right about that.	bù cuò, nǐ wán quán zhèng què	不错，你完全正确。
What about these shoes?	zhè shuāng xié zěn yang	这双鞋怎样？
Don't you think they are too shiny?	nǐ bù huì xiǎng guò tài dào guāng liāng	你不会想到太过光亮？
I think you're mistaken about that.	wǒ rèn wéi nǐ cuò le	我认为你错了。
I like hot weather best.	wǒ zuì ài rè tiān qì hòu	我最爱热天气候。

Personally, I prefer winter.	wǒ gè rén jiào xǐ huān dōng tiān	我个人较喜欢冬天。
Do you think it's going to rain tomorrow?	nǐ huì xiǎng dào míng tiān huì xià yǔ ma	你会想到明天会下雨吗?
I don't know whether it'll rain or not.	wǒ bù zhī dào shì fǒu jiāng huì xià yǔ	我不知道是否将会下雨。
In my opinion, that's an excellent idea.	wǒ rèn wéi nà shì fēi cháng yōu yuè de xiǎng fǎ	我认为那是非常优越的想法。
Why is Mr. Cooper so tired?	Wèi shěn me Cooper xiān shēng huì nà me pí juàn	为什么Cooper先生会那么疲倦?
He's tired because he worked all day.	tā yīn wèi zhěng tiān gōng zuó ér gǎn dào pí juàn	他因为整天工作而感到疲倦。
What do you think of my children?	tā jué dè wǒ de ér zi zěn me yang	他觉得我的儿子怎么样?
I think you have very attractive children.	wǒ rèn wéi nǐ yǒu fēi cháng xī yǐn rén de ér zi	我认为你有非常吸引人的儿子。

OPINION AND IDEAS

Please give me your frank opinion.	Qǐng duì wǒ tǎn bái biǎo dá nǐ deyì jiàn	清对我坦白表达你的意见。
Do you really want to know what I think?	nǐ què shí yào zhī dào wǒ de xiǎng fǎ	你确实要知道我的想法？
Of course, I want to know what your opinion is.	Dāng rán, wǒ yào zhī dào nǐ deyì jiàn	当然，我要知道你的意见。

Making Plans
拟定计划

Conversation

What do you plan to do tomorrow?	nǐ jì huà míng rì zuò xiē shěn me	你计划明日做些什么?
I doubt I'll do anything tomorrow.	wǒ huái yí wǒ jiāng yú míng rì zuò de rèn hé dōng xī	我怀疑我将於明日做的任何东西。
Please excuse me for a while, I need to do something.	Qǐng yuán liàng wǒ yī xià, wǒ yào zuò yī xiē shì qíng	请原谅我一下, 我要做一些事情。
I imagine I'll do some work instead of going to the movies.	wǒ xiǎng wǒ yào zuò xiē gōng zuò ér bù yào kàn diàn yǐng	我想我要做些工作而不要看电影。
Will it be convenient for you to explain your plans to him?	shì fǒu fāng biàn rang nǐ xiàng tā jiě shì nǐ de jì huà	是否方便让你向他解释你的计划?

There's nothing to do because tomorrow is a holiday.	Méi yǒu shì qíng zuò, yīn wèi míng tiān jià qī	没有事情做,因为明天假期。
What's your brother planning to do tomorrow?	nǐ de dì di (gē ge) yú míng tiān zuò shěn me	你的弟弟(哥哥)於明天做些什么?
He can't decide what to do.	tā bù néng jué dìng yào zuò xiē shěn me	他不能决定要做些什么。
It's difficult to make a decision without knowing all the facts.	bù zhī dào suǒ yǒu de shì shí, shì nán zuò jué dìng	不知道所有的事实,是难做决定。
We're trying to plan our future.	wǒ men yǐ shè fǎ jì huà wǒ men de wèi lái	我们已设法计划我们的未来。
That's a good idea.	nà shì yī xiàng hǎo de gòu sī	那是一项好的构思。
I'm hoping to spend a few days in the mountains.	wǒ xī wàng néng zài shān shàng dòu liú jǐ tiān	我希望能在山上逗留几天。
Would you consider going north this summer?	nǐ yǒu kǎo lù yú jīn nián xià tiān dào běi bù qù	你有考虑於今年夏天到北部去?

If there's a chance you'll go, I'd like to go with you.	rǔ guǒ nǐ yǒu jī huì qù wǒ suí shí gēn nǐ yī tong qù	如果你有机会去我随时跟你一同去。
After you think it over, please let me know your decision.	nǐ zǐ xì xiǎng guò hòu, qǐng rang wǒ zhī dào nǐ de jué dìng	你仔细想过之后,请让我知道你的决定。

Making Decisions
作出决定

Conversation

I'm anxious to know what your decision is.	wǒ hěn pò qiè zhī dào, nǐ de jué dìng shì shén me	我很迫切知道，你的决定是什么。
I'm confident you've made the right choice.	wǒ yǒu xìn xīn nǐ huì zuò zhèng què xuǎn zé	我有信心你会做正确选择。
I want to persuade you to change your mind.	wǒ yào quàn nǐ gǎi biàn nǐ de xiǎng fǎ	我要劝你改变你的想法。
Will you accept my advice?	nǐ huì jiē shòu wǒ de quàn gào ma	你会接受我的劝告吗？
What have you decided?	nǐ jué dìng le shén me	你决定了什么？
I've decided to go to California.	wǒ jué dìng qù jiā lì fú ní yà	我决定去加利福尼亚。
He didn't say anything to influence my decision.	tā bù yào biǎo dá rèn hé yì jiàn yǐng xiǎng wǒ de jué dìng	他不要表达任何意见影响我的决定。

She refuses to make up her mind.	tā jù jué zuò chū jué dìng	她拒绝作出决定。
I assume you've decided against buying a new car.	wǒ yǐ wéi nǐ jué dìnggòu mǎi yī liǎng xīn chē	我以为你决定购买一辆新车。
It took him a long time to make up his mind.	tā huā yī duàn cháng shí jiān zuò chū jué dìng	他花一段长时间做出决定。
You can go wherever you want to.	nǐ kě yǐ dào xǐ huān qù de hǎo dì fāng	你可以到喜欢去的好地方。
We're willing to accept your plan.	wǒ men yuàn yì jiē shòu nǐ de jì huà	我们愿意接受你的计划。
He knows it's inconvenient, but he wants to go anyway.	tā zhī dào nà shì bù fāng biàn de, dàn tā xiǎng qù nǎ lǐ jiù qù nǎ lǐ	他知道那是不方便的,但是他想去哪里就哪里。

Advice and Opinions
劝告与意见

Conversation

If you want my advice, I don't think you should go.	Rǔ guǒ nǐ tīng wǒ de quàn gào, wǒ rèn wéi nǐ bù yīng gāi qù	如果你听我的劝告，我认为你不应去。
I suggest that you tear up the letter and start all over again.	wǒ jiàn yì nǐ bǎ xìn sī diào, zài dù xiě guò	我建议你把信撕掉，再度写过。
It's only a suggestion, you can do what you please.	zhè zhǐ shì jiàn yì, nǐ xǐ huān zěn yang jiù zěn yàng	这只是建议，你喜欢怎样就怎样。
Let me give you a little fatherly advice.	Rang wǒ gèi nǐ yī xiē zhǎng bèi de quàn gào	让我给你一些长辈的劝告。
If you don't like that, I wish you would say so.	rǔ guǒ nǐ bù xǐ huān, nǐ jiù shuō ba	如果你不喜欢，你就说吧。

Please don't take offence. I only want to tell you what I think.	Qǐng mò jiàn guài. wǒ zhǐ shì jiāng wǒ de xiǎng fǎ gào sù nǐ	请莫见怪。我只是将我想法的告诉你。
In my opinion, the house isn't worth the price they're asking.	wǒ rèn wéi, zhè wū zǐ bù zhí de tā men suǒ kāi de jià qián	我认为,这屋子不值得他们所开的价钱。
I feel that you ought to stay home tonight.	wǒ rèn wéi jīn wǎn nǐ yīng gāi liú zài jiā lǐ	我认为今晚你应该留在家里。
It's none of my business, but I think you ought to work harder.	zhè bù guān wǒ dè shì, dàn shì wǒ xiǎng nǐ yīng gāi gèng qín láo gōng zuò	这不关我的事,但是我想你应该更勤劳工作。
In general, my reaction is favourable.	dà tǐ shàng, wǒ de fǎn yìng shì hǎo yì de	大体上,我的反应是好意的。
If you don't take my advice, you'll be sorry.	rǔ guǒ nǐ bù jiē shòu wǒ de quàn gào, nǐ jiāng huì hōu huǐ	如果你不接受我的劝告,你将会后悔。
I've always tried not to interfere in your affairs.	wǒ jīng cháng shè fǎ bù yào gān shè nǐ de shì wù	我经常设法不要干涉你的事务。

ADVICE AND OPINIONS

I'm old enough to make up my mind.	wǒ de nián ling zú gòu zì jǐ zuò chū jué ding	我的年龄足够自己做出决定。
Thanks for the advice, but this is something I have to figure out myself.	xiè xie nǐ de quàn gào, dàn shì zhè xiē dōng xī wǒ zì jǐ lái jué ding	谢谢你的劝告，但是这些东西我自己来决定。
He won't receive advice from anybody. You're just wasting your breath.	tā bù huì jiē shòu rèn hé rén de quàn gào, nǐ zhǐ shì làng fèi le nǐ de lì qì	他不会接受任何人的劝告，你只是浪费了你的力气。

Asking for Favors
叫人帮忙

Conversation

Would you please hold the door open for me?	nǐ kě yǐ bāng wǒ jiāng mén dǎ kāi ma	你可以帮我将门打开吗?
You're very kind to take the trouble to help me.	Nán de nǐ bù xián má fán bāng wǒ máng	难得你不嫌麻烦帮我忙。
I wish I could repay you somehow for your kindness.	duì nǐ de hǎo yì, wǒ xiǎng bàn fǎ bào dá nǐ	对你的好意,我想办法报答你。
I'm afraid it was a bother for you to do this.	Kǒng pà zhè yang huì dǎ rǎo nǐ	恐怕这样做会打扰你。
It wasn't any bother. I was glad to do it.	bù hai yǒu rèn hé dǎ rǎo, wǒ xǐ huān zhè yang zuò	不会有任何打扰,我喜欢这样做。
Here's just one last favour I need to ask of you.	zhǐ shì wǒ xū yào nǐ bāng máng de zuì hòu yī cì	只是我需要你帮忙的最后一次。

I'd be happy to help you in any way I can.	wǒ lè yì xiè jìn wǒ suǒ yǒu néng xié xhù nǐ	我乐意竭尽我所能协助你。
Would you mind giving me a push? My car has been stalled.	nǐ bù jiè yì bāng máng wǒ tuī yī xià, wǒ de chē zǐ ting dùn le	你不介意帮忙我推一下,我的车子停顿了。
Would you be so kind as to open this window for me? It's stuck.	nǐ kě yǐ bāng máng jiāng cǐ chuāng kǒu dǎ kāi? tā kǎ zhù bù dòng	你可以帮忙将此窗门打开?它卡助不动。
If there's anything else I can do, please let me know.	rǔ guǒ hái yǒu rèn hé dōng xī xū yào wǒ zuò, qǐng rang wǒ zhī dào	如果还有任何东西需要我做,请让我知道。
This is the last time I'll ever ask you to do anything for me.	zhè shì wǒ jiào nì wèi wǒ zuò rèn hě dōng xī dezuì hòu yī cì	这是我叫你为我做任何东西的最后一次。
I certainly didn't intend to cause you so much inconvenience.	wǒ què shí bù xiǎng yǐn qǐ nǐ tài duō má fán	我确实不想引起你太多麻烦。
He'll always be indebted to you for what you've done.	nǐ de biǎo xiàn, tā yī zhí duì nǐ gǎn jī bù shèng	你的表现,他一直对你感激不胜。

Telephone
电话

Vocabulary

Hello!	Hā luō, wéi	哈罗, 喂
Hold on a moment	Qǐng děng yī děng	请等一等
Extension	Zhī xiàn	支线
Speaking	Shuō huà	说话
Taxi	Dé shì	德士
Could you please	Nǐ néng bù néng	你能不能
Airport	Fēi jī chǎng	飞机场
Harbour	Gǎng kǒu, hǎi gǎng	港口, 海港
Ship	Chuan	船
Train	Huǒ chē	火车
Motor-car	Qì chē	汽车
Motorcycle	Diàn dān chē	电单车
rickshaw	Sān lún chē	三轮车

Sentences

Hello! Is that a taxi stand?	Hā luō, shì dé shì zhàn ma	哈罗, 是德士站吗?

Who is that speaking, please?	Qǐng wèn shì shuí	请问是谁？
Could you put me through extension 405, please?	Qǐng zhuǎn zhī xiàn 405	请转支线405。
Hold on a moment, please.	Qǐng děng yī děng	请等一等。
Please call a taxi for me.	Qǐng tì wǒ jiào yī liàng dé shì	请替我叫一辆德士。
I want to go to the airport.	Wǒ yào dào fēi jī chǎng qù	我要到飞机场去。
I came here by car.	Wǒ chéng qì chē lái	我乘汽车来。
They go to Kuala Lumpur by train.	Tā men chéng huǒ chē qù jí long pō	他们乘火车去吉隆坡。
She came from India by ship.	Tā cóng yìn dù chéng chuan lái	他从印度乘船来。
Where is the bus stop?	Bā shì zhàn zài nǎ lǐ	巴士站在哪里？
What bus should I take if I want to go to the harbour?	Rǔ guǒ wǒ yào qù hǎi gǎng, wǒ gāi dā nǎ liàng bā shì ne	如果我要去海港，我该搭哪辆巴士呢？
Is the hotel far from here?	Jiǔ diàn lí zhè lǐ yuǎn ma	酒店离这里远吗？
It is not far.	Bù hěn yuǎn	不很远。

TELEPHONE

Conversation

Hello! Is that 62242516?	Hā luō! Shì 62242516 ma	哈罗!是62242516吗?
Yes, that's right.	Shì, méi cuò	是,没错。
Could you put me through extension 405, please?	Néng bāng wǒ jiē zhī xiàn 405 ma	能帮我接支线405吗?
Hold on, please.	qǐng děng deng	请等等。
Thank you.	Xiè xie	谢谢。
Hello! This is extension 405.	Hā luō! Zhè shì zhī xiàn 405	哈罗!这是支线405。
Can I speak to Mr. Lim please?	Wǒ néng hé lín xiān shēng shuō huà ma	我能和林先生说话吗?
Yes, this is Lim speaking.	Shì, wǒ shì	是,我是。
Good morning, this is Muthu, speaking from the airport.	Zǎo ān, zhè shì Muthu xiān shēng cóng jī chǎng dǎ lái de	早安,这是Muthu先生从机场打来的。
Welcome home, Mr. Muthu.	Muthu xiān shēng, huān yíng nǐ huí lái	Muthu先生,欢迎你回来。
What can I do for you?	Yǒu hé guì gàn	有何贵干?
Please tell me, what bus should I take to go to yor hotel?	Qǐng gào sù wǒ gāi dā nǎ liàng bā shì dào nǐ de jiǔ diàn qù	请告诉我该搭哪辆巴士到你的酒店去。

31

Don't take a bus.	Bié dā bā shì	别搭巴士。
It is better to go by taxi.	Dā dé shì bǐ jiào hǎo	搭德士比较好。
It is easier and faster.	Yòu róng yì yòu kuài	又容易又快。
Thank you, goodbye.	Xiè xie, zài jiàn	谢谢,再见。

Kitchen
厨房

Vocabulary

Dining Room	Fàn tīng	饭厅
Dining Table	Fàn zhuō, cān zhuō	饭桌, 餐桌
Knife	Dāo	刀
Fork and spoon	Chā hé tāng chí	叉和汤匙
Plate	Pán	盘
Saucer	Dié zi	碟子
Cup	Bēi	杯
Tea cup	Chá bēi	茶杯
Glasses	Bō lí bēi	玻璃杯
Kettle	Zhǔ shuǐ hú	煮水壶
Tea pot	Chá hú	茶壶
Tray	Tuō pán	托盘
Cooking pot	guō	锅
Frying pan	Píng dǐ guō	平底锅
Ladle	Tāng sháo	汤杓
Vegetables	Shū cài	蔬菜
Fish	Yú	鱼

Meat	Ròu	肉
Egg	Dàn	蛋
Oil	Yóu	油
Ghee	Sū yóu	酥油
Margarine	Cài yóu/rén zào nǎi yóu	菜油/人造奶油
Cakes	Dàn gāo	蛋糕

Sentences

There is a kitchen in the house.	Wū lǐ yǒu gè chú fang	屋里有个厨房。
My mother is cooking in the kitchen.	Wǒ mā zhèng zài chú fang lǐ zhǔ cài	我妈正在厨房里煮菜。
We keep plates, cups and saucers in the kitchen.	Wǒ men bǎ pán, bēi hé dié zi shōu zài chú fang lǐ	我们把盘,杯和碟子收在厨房里。
Minah uses a kettle to boil water.	Minah yòng zhǔ shuǐ hú zhǔ shuǐ	Minah用煮水壶煮水。
She cooks rice in a cooking pot.	Tā yòng guō zhǔ fàn	她用锅煮饭。
Frying pan is used to fry fish or meat.	Ping dǐ guō shì yòng lái jiān yú huò jiān ròu	平底锅是用来煎鱼或肉。
The dining room is beside the kitchen.	Fàn tīng jiù zài chú fang pang biān	饭厅就在厨房旁边。

KITCHEN

Mother cooks the food in the kitchen.	Mā ma zài chú fang lǐ zhǔ fàn	妈妈在厨房里煮饭。
She takes the cooked food to the dining room.	Tā bǎ zhǔ hǎo de shí wù ná dào fàn tīng qù	她把煮好的食物拿到饭厅去。
The knife is sharp.	Zhè dāo hěn lì	这刀很厉。
Don't let your baby brother play with the knife.	Bié rang nǐ de yīng ér dì di wán dāo	别让你的婴儿弟弟玩刀。

Conversation

Mother, what are you doing in the kitchen?	Mā ma, nǐ zài chú fang lǐ gàn má	妈妈,你在厨房里干嘛?
I am cooking your food.	Wǒ zài zhǔ nǐ de fàn	我在煮你的饭。
Can I help you, mother?	Wǒ kě yǐ bāng nǐ ma, mā ma	我可以帮你吗,妈妈?
I like that very much.	Wǒ hěn gāo xìng	我很高兴。
I can help you to cut the vegetables.	Wǒ kě yǐ bāng nǐ qiē cài	我可以帮你切菜。
I think you are not old enough.	Wǒ kàn nǐ hái bù gòu dà	我看你还不够大。
You cannot play with knife.	Nǐ bù néng wán dāo	你不能玩刀。

I want you to help me to clean the dining table.	Wǒ yào nǐ bāng wǒ bǎ zhuō zi mā gān jìng	我要你帮我把桌子抹干净。
Put the table cloth on it.	Bǎ zhuō bù pū hǎo	把桌布铺好。
Arrange the chairs.	Bǎ yǐ zi bǎi hǎo	把椅子摆好。
Arrange the forks and spoons on the table.	Bǎ zhuō zi shàng de chā hé tāng chí bǎi hǎo	把桌子上的叉和汤匙摆好。
Alright mother, I will do it now.	Hǎo de mā ma, wǒ xiàn zài jiù qù zuò	好的妈妈,我现在就去做。
Everything is ready, mother.	Quán bù zhǔn bèi hǎo le, mā ma	全部准备好了,妈妈。
Well done.	Zuò de hǎo	做得好。
You may take your bath now.	Nǐ xiàn zài kě yǐ qù chōng liáng le	你现在可以去冲凉了。
Then change into your dress, and we can eat together.	Rán hòu huàn hǎo yī fú, wǒ men jiù kě yǐ qǐ chī fàn le	然后换好衣服,我们就可以一起吃饭了。
Isn't it better to wait until father comes home, mother?	Děng bà ba huí lái yī qǐ chī bù shì gèng hǎo ma,.mā ma	等爸爸回来一起吃不是更好吗,妈妈?

KITCHEN

Father will be home any moment now, go and take your bath.

Bà ba xiàn zài suí shí huì huí lái, nǐ qù chōng liáng ba

爸爸现在随时都会回来,你去冲凉吧!

Dining Room
餐厅

Vocabulary

Dinner	Wǎn cān	晚餐
Dishes	Cài	菜
Appetite	Wèi kǒu	胃口
Roast chicken	Kǎo jī	烤鸡
Fried fish	Jiān yú	煎鱼
Beef curry	Niú ròu gā lǐ	牛肉咖喱
Mutton soup	Yang ròu tāng	羊肉汤
Tasteful	Kě kǒu	可口
Sponge cake	Hǎi mián dàn gāo	海绵蛋糕
Pudding	Bù dīng	布丁
Jelly	Cài yàn, yàn cài	菜燕, 燕菜
Baking cake	Hōng dàn gāo	烘蛋糕
Rice cake	Fàn gāo	饭糕
Boiled egg	Zhǔ dàn	煮蛋
Half-boiled egg	Bàn shēng shú jī dàn	半生熟鸡蛋

Poached egg	Hé bāo dàn	荷包蛋

Sentences

Have you taken your dinner?	Nǐ chī guò wǎn fàn le ma	你吃过晚饭了吗?
Where did you take your dinner?	Nǐ zài nǎ lǐ chī wǎn fàn	你在哪里吃晚饭?
We had dinner in our dining room.	Wǒ mén zài fàn tīng lǐ chī wǎn fàn	我们在饭厅里吃晚饭。
There is a dining room in our house.	Zhè lǐ shì wǒ men de fàn tīng	这是我们屋里的饭厅。
Father puts a dining table and six chairs in the dining room.	Bà ba zài fān tīng lǐ bǎi le yī zhāng fàn zhuō hé liù zhāng yǐ zi	爸爸在饭厅里摆了一张饭桌和六张椅子。
This dining room is very nice.	Zhè gè fàn tīng hén hǎo	这个饭厅很好。
I have no appetite to eat tonight.	Wǒ jīn wǎn mèi wèi kòu chī fàn	我今晚没胃口吃饭。
He likes mutton soup very much.	Tā hén xǐ huān yang ròu tāng	他很喜欢羊肉汤。
I like half-boiled eggs.	Wǒ hěn xǐ huān bàn shēng shú jī dàn	我很喜欢半生熟鸡蛋。
Where is your dining room?	Nǐ de fàn tīng zài nǎ lǐ	你的饭厅在哪里?

DINING ROOM

It is between the sitting room and the kitchen.	Zài kè tīng hé chú fang zhī jiān	在客厅和厨房之间。

Conversation

Dinner is ready.	Wǎn cān zhǔn bèi hǎo le	晚餐准备好了。
Well, let's go to the dining room.	Hǎo ba, yī qǐ dào fàn tīng qù	好吧，一起到饭厅去。
Oh, all the dishes look appetizing.	Huà! Suǒ yǒu de cài kàn qǐ lái hǎo kāi wèi	哗！所有的菜看起来好开胃。
Take a seat please.	Qǐng zuò	请坐！
Thanks.	Xiè xie	谢谢！
How do you like this roast chicken?	Nǐ xǐ huān zhè dào kǎo jī ma	你喜欢这道烤鸡吗？
It's very tasteful.	Hěn hǎo chī	很好吃。
Yor wife must be a good cook.	Nǐ tài tai yī ding shì wèi hǎo chú shī	你太太一定是位好厨师。
She likes cooking very much.	Tā hěn xǐ huān zhǔ cài	她很喜欢煮菜。
Recently she has taken up a course.	Zuì jìn tā cān jiā yī gè pēng rèn kè chéng ne	最近她参加一个烹饪课程呢！
Help yourself to the food.	Qǐng zì jǐ lái	请自己来！

You mustn't be shy.	Bié hài xiū	别害羞。
Make yourself at home.	Jiù dāng zhè lǐ shì nǐ de jiā	就当这里是你的家。
We are old friends anyway.	Wǒ men shì lǎo péng yǒu le ma	我们是老朋友了嘛!
We shall have some drinks and fruits after dinner.	Chī guò fàn, wǒ mén lái diǎn yǐn liào hé shuǐ guǒ	吃过饭,我们来点饮料和水果。
Do you like bananas?	Nǐ xǐ huān xiāng jiāo ma	你喜欢香蕉吗?
Yes, it is one of my favourite fruits.	Shì de, zhè shì wǒ xǐ huān de shuǐ guǒ zhī yī	是的,这是我喜欢的水果之一。
I am very happy to have dinner with you tonight.	Wǒ hěn gāo xìng hé nǐ gong jìn wǎn cān	我很高兴能和你共进晚餐。
I hope you enjoyed the food.	Wǒ xī wàng nǐ huì xǐ huān nà xiē cài	我希望你会喜欢那些菜。
Oh yes, next Saturday, I am giving a feast for my anniversary.	Shì de, xià xīng qī liù, wǒ jiāng wèi wǒ de zhōu nián jì niàn qǐng kè	是的,下星期六,我将为我的周年纪念请客。
I would like you and your wife to come.	Wǒ xī wàng nǐ hé nǐ tài tai néng lái	我希望你和你太太能来。

DINING ROOM

| Thanks for the invitation. | Xiè xie nǐ de yāo qǐng | 谢谢你的邀请。 |
| If God willing, we shall be present. | Wǒ men yī ding lái | 我们一定来。 |

Market
市场

Vocabulary

Vegetables	Shū cài	蔬菜
Cabbage	Bāo cài	包菜
Spinach	Bō cài	菠菜
Cucumber	Huáng guā	黄瓜
Salad	Shā lù	沙律
Beans	Dòu	豆
Long beans	Cháng dòu	长豆
French beans	Cài dòu	菜豆
Lady's fingers	Yang jiǎo dòu	羊角豆
Pumpkin	Nán guā	南瓜
Brinjal	Qié zi	茄子
Ground nuts	Huā shēng	花生
Chestnut	Lì zi	栗子
Coconut	Yē zi	椰子
Fish	Yú	鱼
Fresh fish	Xiān yú	鲜鱼
Dried/salted fish	Yú gān/xián yú	鱼干/咸鱼

English	Pinyin	Chinese
Wolf-herring	Xī dāo yú	西刀鱼
Dussumicra acuta	Dān màn yú	丹曼鱼
Dorosome nasus	Huáng yú	黄鱼
Polynemus indicus	Wǔ yú	午鱼
Hilsa	Cì ké yú	刺壳鱼
Catfish (ptotosus)	Nián yú	鲶鱼
Finned catfish (arius sagor)	Xún yú/chéng yú	鲟鱼/成鱼
Horse-mackerel	Jīn qiāng yú	金枪鱼
Carran kurra	Wū jiǎo xuē	乌脚靴
Long tom, perpike	Jiàn yú	剑鱼
Pomfret	Chāng yú	鲳鱼
Prawn	Xiā	虾
Meat	Ròu	肉
Beef	Niú ròu	牛肉
Mutton	Yang ròu	羊肉
Pork	Zhū ròu	猪肉
Egg	Dàn	蛋
Chicken egg	Jī dàn	鸡蛋
Duck egg	Yā dàn	鸭蛋
Saltish egg	Xián dàn	咸蛋
Fish roe	Yú liǔ	鱼卵
Coconut oil	yē yóu	椰油
Bean oil	Dòu yóu	豆油
Corn oil	Sū mǐ yóu	粟米油

Kerosene	Méi yóu	煤油
Lard	Zhū yóu	猪油

Sentences/Conversation

I wish to buy some fish.	Wǒ xiǎng mǎi xiē yú	我想买些鱼。
Here, I have some fresh ones.	Wǒ zhè lǐ yǒu xīn xiān de	我这里有新鲜的。
They are rather small.	Zhè xiē tài xiǎo le	这些太小了。
Do you have bigger ones?	Nǐ yǒu dà diǎn de ma	你有大点的吗?
Of course, they are in this basket.	Dāng rán yǒu, zài lán zi lǐ	当然有,在篮子里。
What is the price per kilogram?	Yī gōng jīn duō shǎo qián	一公斤多少钱?
It is five dollars per kilo.	Yī gōng jīn 5 kuài qián	一公斤5块钱。
That's very expensive.	Hěn guì a	很贵啊!
Can't you give a slight reduction?	Nǐ bù néng jiǎn yī diǎn ma	你不能减一点吗?
I am sorry madam, during these few days, fish are scarce.	Duì bù qǐ! Tài tai, zhè jǐ tiān yú hěn shǎo	对不起!太太,这几天鱼很少。
How much is this fish?	Zhè tiáo yú duō shǎo qián	这条鱼多少钱?

I must weigh it first.	Wǒ bì xū xiān chèng yī chèng	我必须先称一称。
How many kilos is it?	Duō shǎo gōng jīn	多少公斤?
It is two kilograms.	Liǎng gōng jīn	两公斤。
Here is ten dollars for the fish.	Zhè lǐ shì mǎi yú de 10 kuài qián	这里是买鱼的10块钱。

Shopping Centre
购物中心

Vocabulary/Phrase

Good quality	Yōu liáng pǐn zhì/hǎo	优良品质/好
Brand	Pái zi	牌子
Material	Liào zi	料子
Silk	Sī	丝
Price	Jià qián	价钱
Require	Xū yào/yī kào	需要/依靠
Measurement	Chǐ cùn	尺寸
Size	Chǐ mǎ	尺码
Trousers	Kù zi	裤子
Skirt	Qún zi	裙子
In tha case	Zhè yang de huà	这样的话
Suggest	Jiàn yì/yì jiàn	建议/意见
Tailor's shop	Cái féng diàn	裁缝店
Next door	Gé bì	隔壁
Type	Zhǒng lèi	种类

Sentences/Conversation

Good morning, can I help you?	Tài tai zǎo ān, wǒ néng bāng nǐ ma	太太早安, 我能帮你吗?
Yes, please.	Shì de	是的。
I am looking for some shirts of a good quality for my husband.	Wǒ zài tì wǒ zhàng fū zhǎo xiē yōu liáng pǐn zhì de shàng yī	我在替我丈夫找些优良品质的上衣。
Any brand will do, provided that it is good quality with a reasonable price.	Shěn me pái zi dōu xíng, zhǐ yào dōng xī hǎo, jià qián hé lǐ jiù xíng	什么牌子都行, 只要东西好, 价钱合理就行。
What about this kind, madam?	Zhè zhǒng zěn me yang, tài tai	这种怎么样, 太太。
Do you thin it is good?	Nǐ jué de zhè zhǒng hǎo	你觉得这种好?
Certainly, madam.	Dāng rán la, tài tai	当然啦, 太太。
This is the best quality that we have.	Zhè shì wǒ men zhè lǐ zuì hǎo de	这是我们这里最好的。
What is the price, please?	Jià qián duō shǎo ne	价钱多少呢?
Only twenty dollars each.	Yī jiàn èr shí kuài qián èr yǐ	一件二十块钱而已。

SHOPPING CENTRE

Isn't it very expensive?	Zhè bù shì hěn guì ma	这不是很贵吗？
No. It is a reasonable price.	Bù, zhè gè jià qián hěn gōng dào	不，这个价钱很公道。
Okay then, let me have two shirts of "XL" size.	Hǎo ba, gěi wǒ liǎng jiàn tè dà hào de yī	好吧，给我两件特大号的衣。
Anything else, madam?	Hái yào xiē shěn me, tài tai	还要些什么，太太？
Yes, I want to buy some silk material for skirts.	Duì le, wǒ yào mǎi xiē sī chóu liào zi zuò qún zi	对了，我要买些丝绸料子做裙子。
In that case, I like to suggest you to find it from the tailor's shop, next door.	Zhè yang de huà, wǒ jiàn yì nǐ dào gé bì de cái féng diàn qù zhǎo	这样的话，我建议你到隔壁的裁缝店去找。
Okay. Here is forty dollars for the shirts.	Hǎo de, zhè lǐ shì mǎi shàng yī de 40 kuài qián	好的，这里是买上衣的40块钱。
Thank you, madam.	Xiè xie, tài tai	谢谢，太太。
Welcome, madam.	Huān yíng, tài tai	欢迎，太太。
You are looking for something?	Nǐ yào xiē shěn me	你要些什么？

51

English	Pinyin	Chinese
Yes. I want to buy some silk material for skirts.	Shì de, wǒ yào mǎi zuò qún zǐ zuò de sī chóu liào zi	是的，我要买些做裙子用的丝绸料子。
There are two types of silk, one at $8.00 per metre and the other one at $5.00 per metre.	Zhè lǐ yǒu liǎng zhǒng qún zi, yī zhǒng shì yī gōng chǐ bā kuài qián, yī zhǒng shì yī gōng chǐ wǔ kuài qián	这里有两种裙子，一种是一公尺八块钱，一种是一公尺五块钱。
Please show me the two types.	Liǎng zhǒng dōu gěi wǒ kàn	两种都给我看。
The eight dollars ones are of better quality.	8 kuài qián de zhì dì bǐ jiào hǎo	8块钱的质地较好。
It is better to buy this than to buy the other type.	Mǎi zhè zhǒng bǐ mǎi ling yī zhǒng hǎo	买这种比买另一种好。
What is your price for making a pair of trousers?	Nǐ tì rén zuò tiáo kù zi shō duō shǎo qián	你替人做条裤子收多少钱？
You can make one pair of trousers for $22.00.	22 kuài qián nǐ jiù néng zuò yī tiáo kù zi	22块钱你就能做一条裤子。
How many metres will be enough to make a pair of trousers?	Yào duō shǎo mǐ bù, cái néng zuò tiáo kù zi ne	要多少米布，才能做条裤子呢？

SHOPPING CENTRE

It requires two and a quarter metres to make a pair of trousers.	Zuò tiáo kù zi yào èr yòu sì fēn zhī yī de mǐ bù	做条裤子要二又四分之一米的布。
Please send your son this afternoon so I can take down his measurements.	Xià wǔ dài nǐ ér zi lái, wǒ cái néng tì tā liáng shēn	下午带你儿子来，我才能替他量身。
Yes, he will come at 3.00p.m.	Hǎo ba, tā xià wǔ 3 diǎn huì lái	好吧，他下午3点会来。
I shall call for the trousers in one week's time.	Yī gè xīng qī wǒ jiù huí lái ná kù zi	一个星期我就回来拿裤子。

Hawker Centre
小贩中心

Vocabulary

Tired	Pí láo, pí juàn	疲劳, 疲倦
Hungry	è	饿
Lunch	Wǔ cān	午餐
Hawker centre	Xiǎo fàn zhōng xīn	小贩中心
Stall	Tān wèi	摊位
Bryani	Huáng jiāng fàn	黄姜饭
Prata	Bù lā dá miàn bāo	布拉达面包
Onion and chilli	Yang cōng hé là jiāo	洋葱和辣椒
Egg	Dàn	蛋
Dishes	Nóng	浓
Coagulated sauce	Níng jié jiàng liào	凝结浆料
Ginger	Jiāng	姜
Thick	Nóng	浓
Order	Diǎn cài	点菜

| Walk about | Duó lái duó qù, sàn bù | 踱来踱去，散步 |

Sentences

There is a hawker centre.	Nà lǐ yǒu yī zuò xiǎo fàn zhōng xīn	那里有一座小贩中心。
Let us look for some food.	Wǒ men yī qǐ qián wǎng zhǎo xiē dōng xī chī	我们一起前往找些东西吃。
What kind of food is sold here?	Zhelǐ yǒu xiē shěn me chī de dōng xī mài	这里有些什么吃的东西卖？
What would you like to eat?	Nǐ xǐ huān chī xiē shěn me	你喜欢吃些什么？
I want prata with egg.	Wǒ yào jiā dàn de bù lā dá miàn bāo	我要加蛋的布拉达面包。
My friend wants to try the chicken bryani.	Wǒ de péng yǒu xiǎng cháng yī cháng jī ròu huáng jiāng fàn	我的朋友想尝一尝鸡肉黄姜饭。
I want the gingered tea. Not too thick.	Wǒ yào bēi jiāng zhī chá, bù yào tài nóng	我要杯姜汁茶，不要太浓。
Please wait for a moment. I will serve your order soon.	Qǐng děng yī xia, wǒ jiù bǎ chá pěng lái	请等一下，我就把茶捧来。

HAWKER CENTRE

Conversation

English	Pinyin	Chinese
I am tired already, I feel hungry. Let's look for some food.	Wǒ yǐ jīng hǎo pí juàn le, yòu gǎn jué dào è	我已经好疲倦了，又感觉到饿。
There is a hawker centre over there. Let us go there.	Wǒ men qù zhǎo xiē dōng xī chī ba	我们去找些东西吃吧！
What kinds of food are sold there?	Nà lǐ yǒu shěn me chī de dōng xī mài	那里有些什么吃的东西卖？
Many kinds. There are Indian, Chinese and Malay food. European food is also available.	Hǎo duō zhǒng. Yǒu yìn dù, huá rén hé mǎ lái shí pǐn, hái yǒu ōu lù shí pǐn děng	好多种。有印度，华人和马来食品，还有欧陆食品等。
Do they sell nasi bryani?	Tā men yǒu mài yìn dù huáng jiāng fàn ma	他们有卖印度黄姜饭吗？
They do. Let's go to that stall.	Yǒu. Wǒ men jiù qù nà yī tān ba	有。我们就去那一摊吧。
Have you placed the order, sir?	Xiān sheng, nǐ yǐ jīng jiào le nǐ yào chī de dōng xī ma	先生，你已经叫了你要吃的东西吗？
Not yet. My friend likes to eat chicken bryani.	Hái méi yǒu, wǒ de péng yǒu xǐ huān chī jī ròu huáng jiāng fàn	还没有，我的朋友喜欢吃鸡肉黄姜饭。

What would you like to eat?	Nǐ xǐ huān chī xiē shěn me	你喜欢吃些什么?
I want prata with egg, onion and chilli.	Wǒ xǐ huān chī jī dàn, yang cōng he là jiāo bù lā dá miàn bāo	我喜欢吃鸡蛋,洋葱和辣椒布拉达面包。
What dishes would you want?	Nǐ xiǎng chī xiē shěn me	你想要吃些什么?
Bring us the mutton curry, prawn sambal and dalchar.	Wǒ yào yang ròu gā lǐ, xiā ròu sān bā hé dá ěr chá	我要羊肉咖喱,虾肉三芭和达尔茶。
What about the drinks, sir?	Yào xiē yǐn pǐn ma, xiān shēng	要些饮品吗,先生?
I want gingered tea.	Wǒ yào jiāng zhī chá	我要姜汁茶。
I want plain tea, not too thick.	Wǒ yào qīng chá, bù yào tài nóng	我要清茶,不要太浓。
Please wait a moment. I will serve your order soon.	Hǎo de, xiān shēng! Qīng shāo děng yī xià, wǒ jiāng huì hěn kuài de bǎ nǐ mén de dōng xī pěng shàng	好的,先生!请稍微等一下,我将会很快地把你们点的东西捧上。

Seafood 海鲜

Vocabulary

Seafood	Hǎi xiān	海鲜
Seashell	Hǎi bèi	海贝
Crab	páng xiè	螃蟹
King crab	Xiè wáng	蟹王
Prawn	Xiā	虾
Lobster	lóng xiā	龙虾
I am sure	Dí què	的确
Of course	Dāng rán	当然
Sweet sour fish	Tián suān yú	甜酸鱼
Vegetables	Shū cài	蔬菜
Don't waste time	Bù yào làng fèi shí jiān	不要浪费时间
Best among all	Zhòng rén zhōng zuì jiā zhě	众人中最佳者

Sentences

He likes to eat vegetables.	Tā xǐ huān chī shū cǎi	他喜欢吃蔬菜。

I like to eat seafood.	Wǒ xǐ huān chī hǎi xiān	我喜欢吃海鲜。
What do you like to eat?	Nǐ xǐ huān chī shěn me	你喜欢吃什么?
Do you like to eat fried prawns?	Nǐ xǐ huān chī chǎo xiā ma	你喜欢吃炒虾吗?
Let's go to the seafood restaurant.	Wǒ men yī qǐ qù hǎi xiān guǎn	我们一起去海鲜馆。
Crab is available there at any time.	Nà lǐ rèn hé shǐ hòu dōu yǒu pang xiè chī	那里任何时候都有螃蟹吃。
Can we get king crab from the seafood restaurant?	Zài hǎi xiān guǎn kě yǐ chī dào xiè wáng ma	在海鲜馆可以吃到蟹王吗?
There are many seafood restaurants in Singapore.	Zài xīn jiā pō yǒu hǎo duō jiān hǎi xiān cān guǎn	在新加坡有好多间海鲜餐馆。
Most of the seafood restaurants operate at night.	Dà bù fèn de hǎi xiān cān guǎn zài wǎn shàng yíng yè	大部分的海鲜餐馆在晚上营业。

Conversation

Do you like to eat seafood?	Nǐ xǐ huān chī hǎi xiān ma	你喜欢吃海鲜吗?
Where can we have it?	Zài nǎ lǐ yǒu de chī	在哪里有得吃?

SEAFOOD

From the restaurant next to this hawker centre.	Zài cǐ xiǎo fàn zhōng xīn gé ling de cān guǎn	在此小贩中心隔邻的餐馆。
Can we get the king crab from the seafood stall?	Wǒ men néng zài hǎi xiān tān wèi chī dào xiè wáng ma	我们能在海鲜摊位吃到蟹王吗？
I don't think we can get it there, but I am sure, we can buy the steamboat, sweet sour fish or lobster.	Wǒ xiǎng zài nà lǐ bù néng chī dào, dàn shì wǒ xiāng xìn wǒ men néng gòu chī dào shēng guō, tián suān yú huò long xiā	我想在那里不能吃到,但是我相信我们能够吃到生锅,甜酸鱼或龙虾。
We can also eat fried prawns at the stall.	Wǒ men yě kě yǐ zài xiǎo fàn zhōng xīn chī dào chǎo xiā	我们也可以在小饭摊吃到炒虾。
Can we get the sweet sour crab at the stall?	Wǒ men néng zài xiǎo fàn tān chī dào tián suān xiè ma	我们能在小饭摊吃到甜酸蟹吗？
Of course we can. Crab is available at any time.	Dāng rán kě yǐ, rèn hé shí hòu dōu kě yǐ chī dào xiè	当然可以,任何时候都可吃到蟹。

ENGLISH MANDARIN CHINESE CONVERSATION FOR TOURISTS

If so, don't waste time. Let's go to the restaurant.	Rŭ guŏ kĕ yĭ de huà, jiù bù yào làng fèi shí jiān, wŏ men yī qĭ qù cān guăn	如果可以的话,就不要浪费时间,我们一起去餐馆。
Is there any other place selling seafood?	Hái yŏu rèn hé dì fāng shòu mài hăi xiān ma	还有任何地方售卖海鲜吗?
There are many seafood restaurants in Singapore.	Zài xīn jiā pō yŏu hăo duō jiān hăi xiān cān guăn	在新加坡有好多间海鲜餐馆。
Is this the best restaurant?	Zhè yī jiān cān guăn shì zuì jiā de ma	这一间餐馆是最佳的吗?
No, it is not. But this is one of the top ten in Singapore.	Bù, zhè bù shì. Dàn shì, zhè jiān shì xīn jiā pō shí jiān zuì jiā zhĕ zhī yī	不,这不是。但是,这间是新加坡十间最佳者之一。

A Hotel 酒店

Vocabulary

Hotel	Jiǔ diàn	酒店
Manager	Jīng lǐ	经理
Waiter, waitress	Shì yìng shēng, nǚ shì yìng shēng	侍应生, 女侍应生
Expensive	Guì	贵
Reasonable	Hé lǐ	合理
Best	Zuì hǎo	最好
Restaurant	Cān tīng	餐厅
Far, near	Yuǎn, jìn	远, 近
Nice	Hǎo	好
Post office	Yóu zhèng jú	邮政局
Pillar box	Yóu tǒng	邮筒
Police station	Jǐng chá jú	警察局
Hospital	Yī yuàn	医院
Shopping centre	Gòu wù zhōng xīn	购物中心
Hawker centre	Xiǎo fàn zhōng xīn	小贩中心

Food Court	Shú shí zhōng xīn	熟食中心
About	Dà yuē	大约
Bank	Yíng hang	银行
Town	Zhèn	镇

Sentences

Do you need a hotel, sir?	Xiān sheng, nǐ yào zhù jiǔ diàn ma	先生,你要住酒店吗?
The hotel is about one kilometer from here.	Zhè jiǔ diàn lí zhè dà yuē yī gōng lǐ yuǎn	这酒店离这大约一公里远。
This is the best hotel we can get in the town.	Zhè shì zhèn lǐ néng zhǎo dào de zuì hǎo de jiǔ diàn	这是镇里能找到的最好的酒店。
This hotel is quite nice and not very expensive.	Zhè jiǔ diàn xiāng dāng bù cuò, ér qiě bù guì	这酒店相当不错,而且不贵。
The charge is reasonable.	Shōu fèi hé lǐ	收费合理。
We can go to the hotel by a trishaw.	Wǒ men néng zuò sān lún chē dào jiǔ diàn qù	我们能坐三轮车到酒店去。
There is a restaurant in the hotel.	Jiǔ diàn lǐ yǒu jiān cān tīng	酒店里有间餐厅。

A HOTEL

Not far from the hotel, there is a post office.	Lí jiǔ diàn bù yuǎn, nà lǐ yǒu jiān yóu zhèng jú	离酒店不远，那里有间邮政局。
The hotel's manager is a kind man.	Jiǔ diàn jīng lǐ shì gè hǎo rén	酒店经理是个好人。
He is a helpful young man.	Tā shì gè lè yì zhù rén de nián qīng rén	他是个乐意助人的年轻人。
There is a shopping centre near the post office.	Yóu zhèng jú fù jìn yǒu jiān gòu wù zhōng xīn	邮政局附近有间购物中心。

Conversation
At the airport

Welcome to Singapore, sir.	Xiān shēng, huān yíng dào xīn jiā pō	先生，欢迎到新加坡。
Thank you.	Xiè xie	谢谢。
Do you need a hotel, sir?	Xiāsn shēng, nǐ yào zhù jiǔ diàn ma	先生，你要住酒店吗？
Yes, please.	Yào, xiè xie	要，谢谢！
Follow me, sir.	Xiān, sheng, gēn wǒ lái	先生，跟我来！

ENGLISH MANDARIN CHINESE CONVERSATION FOR TOURISTS

I will show you a good hotel.	Wǒ yào jiè shào yī jiā hǎo jiǔ diàn gěi nǐ	我要介绍一家好酒店给你。
It is the best hotel we can get in the town.	Zhè shì zhèn lǐ néng zhǎo dào de zuì hǎo de jiǔ diàn	这是镇里能找到的最好的酒店。
Well, take me to the hotel.	Hǎo, qǐng dài wǒ dào jiǔ diàn qù	好,请带我到酒店去。
How far is the hotel from here?	Jiǔ diàn lí zhè lǐ duō yuǎn	酒店离这里多远?
Not very far, sir.	Xiān sheng, bù hěn yuǎn	先生,不很远。
It's only about one kilometre.	Zhǐ yǒu dà yuē yī gōng lǐ yuǎn	只有大约一公里远。
If we go by a trishaw, it will take about fifteen minutes.	Rǔ guǒ zuò sān lún chē, zhǐ yào dà yuē 15 fēn zhōng	如果坐三轮车,只要大约15分钟。
Alright, shall we go now?	Hǎo ba, wǒ men xiàn zài jiù qù ba	好吧,我们现在就去吧?
Please, sir.	Xiān sheng, qǐng	先生,请。

At the hotel

Welcome to the hotel, sir.	Xiān sheng, huān yíng dào jiǔ diàn lái	先生,欢迎到酒店来。
Thank you.	Xiè xie	谢谢。

A HOTEL

Please register your name, sir.	Xiān sheng, qǐng dēng jì míng zì	先生，请登记名字。
Then I will take you to your room at the fifth floor.	Rán hò wǒ huì dài nǐ dào wǔ lóu de fáng jiān	然后我会带你到你五楼的房间。
Here is the room's key, sir.	Xiān sheng, zhè shì fang jiān de suǒ shí	先生，这是房间的锁匙。
Please press the bell if you need anything, sir.	Xiān sheng, rǔ guǒ xū yào rèn hé dōng xī qǐng àn ling	先生，如果需要任何东西请按铃。
I think I need to post a letter to my family.	Wǒ xiǎng, wǒ bì xū gěi jiā rén jì yī fēng xìn	我想，我必须给家人寄一封信。
Have you any envelope and writing pad?	Nǐ yǒu xìn fēng hé xìn zhǐ ma	你有信封和信纸吗？
Of course we have, sir,	Xiān sheng, wǒ men dāng rán yǒu	先生，我们当然有。
Could I have some pads and one or two envelopes?	Wǒ kě yǐ yào xiē xìn zhǐ hé yī liǎng gè xìn fēng ma	我可以要些信纸和一两个信封吗？
By all means, sir.	Jìn guǎn ná, xiān sheng	尽管拿，先生。

ENGLISH MANDARIN CHINESE CONVERSATION FOR TOURISTS

Thank you.	Xiè xie	谢谢。
Anything else you need, sir?	Xiān sheng, nǐ hái xū yào xiē shěn me	先生,你还需要些什么?
No, thank you.	Méi yǒu le, xiè xie	没有了,谢谢。

At the restaurant

Are you hungry?	Nǐ è ma	你饿吗?
Yes, I am hungry.	Shì de, wǒ è le	是的,我饿了。
What would you like to eat?	Nǐ xiǎng chī xiē shěn me	你想吃些什么?
Anything will do.	Suí bbiàn hǎo le	随便好了。
Will you have rice and curry?	Nǐ chī fàn hé gā lǐ ma	你吃饭和咖喱吗?
Yes, I like it very much.	Hǎo, wǒ hěn xǐ huān	好,我很喜欢。
Anything else?	Hái yào shěn me	还要什么?
Yes, some vegetables and a glass of ice water.	Gěi wǒ yī xiē shū cài hé bīng shuǐ	给我一些蔬菜和一些冰水。
Don't you think the curry is hot?	Nǐ bù jué de hěn là	你不觉得咖喱很辣?
But I like it very much.	Bù guò wǒ hěn xǐ huān	不过我很喜欢。

A HOTEL

What do you think of this curry?	Nǐ jué de zhè gā lǐ zěn me yang	你觉得这咖喱怎么样?
It is very delicious.	Tā hěn kě kǒu	它很可口。
My stomach is full now.	Wǒ chī bǎo le	我吃饱了。

At the café

Do you like to have some drinks?	Nǐ yyào hē xiē shěn me ma	你要喝些什么吗?
Yes, I do.	Shì de, wǒ xiǎng	是的,我想。
So, we better go to a café.	Nà, wǒ men dào kā fēi zuò qù ba	那,我们到咖啡座去吧!
Do you think this café is good?	Nǐ jué de zhè jiān kā fēi zuò hǎo ma	你觉得这间咖啡座好吗?
Yes, I used to come here.	Hǎo a, wǒ cháng lái zhè lǐ	好啊! 我常来这里。
Are there any waitresses?	Zhè lǐ yǒu nǚ shì yìng shēng ma	这里有女侍应生吗?
There are two waitresses.	Yǒu liǎng gè nǚ shì yìng shēng	有两个女侍应生。
Where do you like to sit?	Nǐ xiǎng zuò zài nǎ lǐ	你想坐在哪里?

I prefer to sit at the table near the corner.	Wǒ xǐ huān zuò zài kào jìn jiǎo tóu de zhuō zi	我喜欢坐在靠近角头的桌子。
What drink do you want?	Nǐ xiǎng hē shěn me	你想喝什么?
Give me a cup of coffee without milk.	Gěi wǒ yī bēi hēi kā fēi	给我一杯黑咖啡。
Have you got curry puff here?	Nǐ zhè lǐ yǒu gā lǐ bāo ma	你这里有咖喱包吗?
Do you like curry puff?	Nǐ xǐ huān gā lǐ bāo ma	你喜欢咖喱包吗?
Yes, I like it very much.	Shì de, wǒ fēi cháng xǐ huān	是的,我非常喜欢。
How much shall we pay?	Yī gong duō shǎo qián	一共多少钱?
A dollar and twenty-five cents only.	Yī kuài liǎng jiǎo bàn	一块两角半。

To a Film Show
看电影

Vocabulary/Phrase

Free	Miǎn fèi	免费
Afternoon	Xià wǔ	下午
Important	Zhòng yào	重要
Invite	Yāo qǐng	邀请
Film show	Diàn yǐng	电影
In fact	Shì shí shàng, qí shí	事实上，其实
Cinema	Diàn yǐng yuàn	电影院
A long time	Hěn jiǔ	很久
Evening	Wǎn shàng	晚上
Happen	Fā shēng	发生
Compliment	Zàn yang	赞扬
Complimentary ticket	Zèng quàn	赠券
Intend to	Dǎ suàn	打算
Visit	Fǎng wèn	访问
Begin	Kāi shǐ	开始
Get ready	Zhǔn bèi	准备

Glad	Gāo xìng, lè yì	高兴，乐意

Sentences/Conversation

What is the time now?	Xiàn zài jǐ diǎn le	现在几点了？
It is half-past three.	Xiàn zài sān diǎn bàn le	现在三点半了。
Are you free this afternoon?	Nǐ xià wǔ yǒu kòng ma	你下午有空吗？
Yes, I am. Is there anything important?	Yǒu a, nǐ yǒu zhòng yào de shì ma	有啊，你有重要的事吗？
I think I want to invite you to see a film show.	Wǒ xiǎng qǐng nǐ kàn diàn yǐng	我想请你看电影。
Would you like to follow me?	Nǐ yào gēn wǒ lái ma	你要跟我来吗？
In fact, I haven't gone to a cinema for a long time.	Qí shí, wǒ hǎo jiǔ méi shàng diàn yìng yuàn le	其实，我好久没上电影院了。
Why don't we go for the evening show?	Wǒ men qù kàn yī chǎng wǎn shàng de diàn yǐng zěn me yang	我们去看一场晚上的电影怎么样？
I cannot go in the evening.	Wǒ wǎn shàng bù néng qù	我晚上不能去。

TO A FILM SHOW

I happen to have two complimentary tickets for the afternoon show.	Wǒ gāng hǎo yǒu liǎng zhāng xià wǔ chǎng de zèng quàn	我刚好有两张下午场的赠券。
In the evening, I intend to visit a friend of mine.	Wǎn shàng wǒ xiǎng qù kàn gè péng yǒu	晚上我想去看个朋友。
In that case, I shall be glad to go with you.	Nà me, wǒ hěn lè yì gēn nǐ qù	那么，我很乐意跟你去。
The show will begin at quarter past four.	Diàn yǐng jiāng zài sì diǎn shí wǔ fēn fang yìng	电影将在四点十五分放映。
We have to get ready, now.	Wǒ men xiàn zài yào zhǔn bèi le	我们现在就要准备了。

Asking for Directions and Information
询问方向和消息

Conversation

Excuse me sir, can you give me some information?	Duì bù qǐ xiān sheng, wǒ kě yǐ wèn nǐ yī xiē wèn tí ma	对不起先生，我可以请问你一些问题吗？
Can you tell me where Arab Street is?	Nǐ néng gào sù wǒ yà lā jiē zài nǎ lǐ	你能告诉我亚拉街在哪里？
It's two blocks straight ahead.	Xiàng qián zhí zǒu le liǎng zuò wū zi jiù shì	向前直走过了两座屋子就是。
Which direction is to the theatre?	Qù xì yuàn gāi zǒu nǎ gè fāng xiàng	去戏院应该走哪个方向？
Turn right at the next corner.	Zài xià gè wān jiǎo chù zhuǎn yòu	在下个弯角处转右。
How far is to the library?	Qù tú shū guǎn yǒu duō yuǎn	去图书馆有多远？
Not far from here.	Lí zhè lǐ bù yuǎn	离这里不远。

The school is situated opposite the library.	Xué xiào jiù zuò luò zài tú shū guǎn duì miàn	学校就座落在图书馆对面。
The restaurant is across the street from the hotel.	Cóng lǚ diàn qù, yuè guò jiē dào, jiù shì cān guǎn	从旅店去,越过街道,就是餐馆。
You can't miss it.	Nǐ bù néng cuò shī	你不能错失。
Do you happen to know Mr. James' telephone number?	Nǐ hái zhī dào zhān mǔ shì de diàn huà hào mǎ ma	你还知道占姆士的电话号码吗?
Could you tell me where the nearest telephone is?	Nǐ néng gào sù wǒ zhè fù jìn yǒudiàn huà ma	你能告诉我这附近有电话吗?
Should I go this way or that?	Wǒ yīng zǒu zhè tiáo lù huò nà tiáo lù	我应走这条路或那条路?
Go that way for two blocks, then turn left.	Zǒu nà lǐ, rào guò liǎng zuò wū, trán hòu zhuǎn zuǒ	走那里,绕过两座屋,然后转左。
I beg your pardon. Is this seat taken?	Duì bù qǐ, zhè gè zuò wèi yǒu rén zuò ma	对不起,这个座位有人坐吗?

Going out for the Evening
夜晚出门

Conversation

How long did the movie last?	Cǐ yǐng piàn cháng dá duō jiǔ	此影片长达多久？
The feature started at 9 o'clock and ended at 11.30.	Gāi yìng piàn yú jiǔ diǎn kāi shǐ, ér yú shí yī diǎn sān shí fēn jié shù	该影片於九点开始，而於十一点三十分结束。
They say the new film is an adventure story.	Tā men shuō cǐ xīn fang yìng de yǐng piàn shì yī chū mào xiǎn gù shì	他们说此新放映的影片是一出冒险故事。
A group of us went out to the theatre last night.	Wǒ men yī qún rén yú zuó wǎn qù kàn xì	我们一群人於昨晚去看戏。
The new play was good and everybody enjoyed it.	Cǐ chū xīn xì, měi gè rén dōu jī shǎng zhī	此出新戏，演得很好，每个人都激赏之。

By the time we got there, the play had already begun.	Wǒ men dào dá shí, xì yǐ jīng kāi yǎn le	我们到达时，戏已经开演了。
The usher showed us to our seats.	Dài wèi yuán dài lǐng wǒ men dào wǒ men de zuò wèi chù	带位员带领我们到我们的坐位处。
The cast of the play included a famous actor.	Xì zhōng de jiǎo sè bāo luò le yī míng zhù míng de yǎn yuán	戏中的角色包括了一名著名的演员。
After the play was over, we all wanted to get something to eat.	Xì yǎn wán hòu, wǒ menquán tǐ rén yào zhǎo dōng xī chī	戏演完后，我们全体人员要找东西吃。
There was a big crowd and we had difficulty getting a taxi.	Rén hěn yōng jǐ, wǒ men hěn nán zhǎo dào yī liàng dé shì	人很拥挤，我们很难找到一辆德士。
The restaurant was full, so we decided to go elsewhere.	Cān guǎn zuò mǎn rén, wīn cǐ wǒ men hjué ding dào biè chù	餐馆坐满人，因此我们决定到别处。
My brother wants to learn how to dance.	Wǒ de dì di (gē ge) yào xué xí tiào wǔ	我的弟弟（哥哥）要学习跳舞。

GOING OUT FOR THE EVENING

We decided to go to the disco.	Wǒ men jué ding dào dí sī gē wǔ tīng	我们决到狄斯哥舞厅。
We don't go dancing very often.	Wǒ men bù shì shí cháng qù tiào wǔ	我们不是时常去跳舞。
Which would you rather do, go dancing or go to a play?	Nǐ bǐ jiào cháng qù nǎ xiē dì fāng, qù tiào wǔ huò qù kàn xì	你比较常去哪些地方，去跳舞或去看戏？
I'm not accustomed to going out after dark.	Wǒ bù xí guàn yú yè wù hòu chū qù	我不习惯於业务后出去。
We could go for a drink for a short while.	Wǒ men kě yǐ qián wǎng hē chá yī xià zi	我们可以前往喝茶一下子。
Then we could all go home.	Rán hòu wǒ men quán bù huí jiā	然后我们全部回家。
I agree.	Shì de, wǒ tong yì	是的，我同意。

Appointments
约会

Conversation

I'd like to make an appointment to see Mr. John.	Wǒ xiǎng yuē ding yǔ yuēhàn xiān shēng jiàn miàn	我想约定与约翰先生见面。
Would you like to arrange for a personal interview?	Nǐ néng ān pái sī xià miàn tán	你能安排私下面谈?
Your appointment will be next Thursday at 10 o'clock.	Nǐ de yuē huì jiāng zài xià gè xīng qī sì shí diǎn	你的约会将在下个星期四十点。
I can come any day except Thursday.	Wǒ kě yǐ yú rèn hé yī tiān dào lái, chú le xīng qī sì zhī wài	我可以於任何一天到来,除了星期四之外。
He wants to change his appointment from Monday to Wednesday.	Tā yào gēng huàn tā de yuē huì, cóng xīng qī yī huàn chéng xīng qī sān	他要更换他的约会,从星期一换成星期三。

She failed to call the office to cancel her appointment.	Tā méi yǒu dào bàn shì chù qǔ xiāo tā de yūe huì	她没有到办事处取消她的约会。
I'm going to call the employment agency for a job.	Wǒ yào dào zhí yè jiè shào suǒ xún zhǎo gōng zuò	我要到职业介绍所寻找工作。
Please fill in this application form.	qǐng tián tuǒ cǐ shēn qǐng biǎo gé	请填妥此申请表格。
Are you looking for a permanent position?	Nǐ shì fǒu zhèng xún zhǎo yī gè yǒng jiǔ de zhí wèi	你是否正寻找一个永久的职位？
I'm going to call a plumber to come this afternoon.	Wǒ qù jiào yī míng qiān guǎn gōng yú jīn wǔ dào lái	我去叫一名铅管工於今午到来。
I couldn't keep the appointment because I was sick.	Wǒ bù néng shǒu yuē yīn wǒ bìng le	我不能守约因我病了。
I'm a new employee.	Wǒ shì yī míng xīn gù yuán	我是一名新雇员。
I was hired yesterday.	Wǒ yú zuó tiān shòu gù	我於昨天受雇。

APPOINTMENTS

Please call before you come, otherwise we might not be home.	Qǐng lái zhī qián, dǎ gè diàn huà lái, fǒu zé wǒ men kě néng bù zài jiā	请来之前,打个电话来,否则我们可能不在家。
Couldn't you postpone the appointment?	Nǐ néng fǒu jiāng yuē huì yán qī	你能否将约会延期?
I don't think so.	Wǒ xiǎng bù néng	我想不能。

Visiting the Doctor
看医生

Conversation

I went to see my doctor for a check-up yesterday.	Zuó tiān wǒ qù kàn yī shēng zuò jiàn kāng jiǎn chá	昨天我去看医生做健康检查。
The doctor discovered that I'm a little overweight.	Yī shēng fā xiàn wǒ yǒu yī diǎn chāo zhòng	医生发现我有一点超重。
He gave me a chest X-ray and took my blood pressure.	Tā duì wǒ de xiōng bù jìn xíng X guāng jiǎn chá bìng jiǎn chá wǒ de xuè yā	他对我的胸部进行X光检查并检查我的血压。
He told me to take these pills every four hours.	Tā gào sù wǒ měi sì xiǎo shí fú yòng zhè xiē yào wán	他告诉我每四小时服用这些药丸。
Do you think the patient can be cured?	Nǐ rèn wéi bìng rén kě yǐ zhì yù ma	你认为病人可以治愈吗?

They operated on him last night.	Zuó wǎn tā men duì tā jìn xíng shǒu shù zhì liáo	昨晚他们对他进行手术治疗。
He needed a blood transfusion.	Tā xū yào shū xiě	他需要输血。
My uncle had a heart attack last year.	Wǒ de shū fù qù nián huàn shàng xīn zàng bìng	我的叔父去年患上心脏病。
They had to call in a specialist.	Tā men xū zhāo qǐng zhuān kē yī shēng	他们需召请专科医生。
What did the doctor say?	Yī shēng zěn me shuō	医生怎么说?
The doctor advised me to get plenty of exercise.	Yī shēng quàn gào wǒ yào duō zuò yùn dòng	医生劝告我要多做运动。
The doctor said I look pale.	Yī shēng shuō, wǒ kàn qǐ lái liǎn sè cāng bái	医生说,我看起来脸色苍白。
If I want to be healthy, I have to stop smoking.	Rǔ guǒ wǒ yào shēn tǐ jiàn kāng, wǒ bì xū tíng zhǐ chōu yān	如果我要身体健康,我必须停止抽烟。
The physician said smoking is harmful to my health.	Yī shēng shuō, chōu yān shāng hài wǒ de jiàn kāng	医生说,抽烟伤害我的健康。

It's just a mosquito bite, there's nothing to worry about.	Zhǐ shì bèi wén zi dīng, bù xū yōu lǜ	只是被蚊子叮,不需忧虑。

Preparations to Travel
准备去旅行

Conversation

I didn't realize time had passed so quickly.	Wǒ bù zhī dào shí jiān guò de nà me kuài	我不知道时间过得那么快。
I've got a lot of things to do before I can leave.	Zài wǒ lí kāi zhī qián wǒ yǒu xǔ duō shì qíng yào zuò	在我离开之前我有许多事情要做。
First thing, I've got to drop by the bank to get some money.	Shǒu xiān wǒ xū yào dào yíng hang ná xiē qián	首先我需要到银行拿些钱。
I used almost all my savings to buy the ticket.	Wǒ chà bù duō yòng wǒ suǒ yǒu de chǔ xù de qián gòu mǎi jī piào	我差不多用我所有的储蓄的钱购买机票。
Oh, I just remembered something! I have to apply for a passport.	O wǒ jì de le! wǒ xū yào shēn qǐng hù zhào	哦我记得了!我需要申请护照。

I almost forgot to have the phone disconnected.	Wǒ chà bù duō wàng jì yào bǎ diàn huà xiàn qiē duàn	我差不多忘记要把电话线切断。
It's a good thing you reminded me to take my heavy coat.	Zuì hǎo tí xǐng wǒ ná wǒ de hòu dà yī	最好提醒我拿我的厚大衣。
I never would have thought of it if you hasn't mentioned it.	Rǔ guǒ bù shì nǐ tí qǐ wǒ cóng lái méi xiǎng dào tā	如果不是你提起我从来没想到它。
I'll see you off at the airport.	Wǒ jiāng dào fēi jī chǎng wèi nǐ song xíng	我将到飞机场为你送行。
They're calling your flight now.	Tā men zhèng hū huàn nǐ de bān jī	他们正呼唤你的班机。
You'd better run or you're going to be left behind.	Nǐ zuì hǎo kuài diǎn pǎo fǒu zé nǐ huì luò hòu	你最好快点跑否则你会落后。
Don't forget to cable to let us know you've arrived safely.	Bù yào wàng jì dǎ diàn bào yǐ rang wǒ zhī dào nǐ ān quán dǐ dá	不要忘记打电报以让我知道你安全抵达。
I'm sure I've forgotten something, but it's too late now.	Wǒ kěn ding wàng jì le yī xiē dōng xī dàn shì xiàn zài yǐ jīng tài chí le	我肯定我忘记了一些东西但是现在已经太迟了。

PREPARATIONS TO TRAVEL

| Do you have anything to declare for customs? | Nǐ yǒu rèn hé dōng xī shēn jí guān shuì ma | 你有任何东西申极关税吗? |
| You don't have to pay any duty on personal belongings. | Nǐ de gè rén xíng lǐ bù xū yào jiǎo fù rèn hé shuì | 你的个人行李不需要缴付任何税。 |

On the Road 在路上

Vocabulary/Phrase

Kinds of transport	Jiāo tōng gōng jù de zǒng lèi	交通工具的种类
Tricycle	Sān lún chē	三轮车
Anytime	Rèn hé shí hòu	任何时候
During	Dāng	当
Traffic	Jiāo tōng	交通
Take a walk	Zǒu zou	走走
Pedestrian	Xíng rén	行人
Certainly	Dāng rán	当然
Careful	Xiǎo xīn	小心
Further	Yuǎn yī diǎn/ gèng yuǎn	远一点/更远
A lot, many	Hěn duō	很多
Motorcycle rider	Mó duō chē qí shì	摩哆车骑士
Overhead bridge	Tiān qiáo	天桥
Excuse me	Rang yī rang/ duì bù qǐ	让一让/对不起

ENGLISH MANDARIN CHINESE CONVERSATION FOR TOURISTS

| Provided | Tí gōng/rǔ guǒ | 提供/如果 |
| Traffic jams | Jiāo tōng zǔ sāi | 交通阻塞 |

Sentences/Conversation
On the road

Are there many cars on the road?	Mǎ lù shàng yǒu hěn duō chē ma	马路上有很多车吗？
Yes, there are a lot of them.	Shì de, hěn duō	是的，很多。
There are many kinds of transport.	Nà lǐ yǒu hěn duō jiāo tōng gōng jù	那里有很多交通工具。
Buses, taxis, and tricycles pass along this way.	Bā shì, dé shì hé sān lún chē cóng zhè lǐ jīng guò	巴士，德士和三轮车从这里经过。
The traffic is heavy during office hours.	Bàn gōng shì shí jiān zhè lǐ de jiāo tōng hěn yōng jǐ	办公室时间这里的交通很拥挤。
How do you go to office?	Nǐ zěn me dào bàn gōng shì qù	你怎么到办公室去？
I go to office by bus.	Wǒ zuò bā shì shàng bàn gōng shì	我做巴士上办公室。
Would you like to take a walk with me?	Nǐ yào hé wǒ yī qǐ zǒu zou ma	你要和我一起走走吗？

Certainly I like.	Wǒ dāng rán lè yì	我当然乐意。
Be careful when crossing the road.	Guò mǎ lù shí hyào xiǎo xīn	过马路时要小心。
Which side of the road must we walk?	Wǒ mén gāi yán zhè lù de nǎ yī biān zǒu	我们该沿着路的哪一边走。
We have to walk by the side of the road.	Wǒ mén gāi yán zhè lù de pang biān zǒu	我们该沿着路的旁边走。
We must use the overhead bridge when we cross.	Dāng wǒ men guò mǎ lù shí, yīng gāi shǐ yòng xíng rén tiān qiáo	当我们过马路时,应该使用行人天桥。

Asking a way

Excuse me, could you please show me the way to XYZ shopping centre?	Duì bù qǐ, qǐng nǐ gào sù wǒ zěn yang qù XYZ gòu wù zhōng xīn	对不起,请你告诉我怎样去XYZ购物中心?
You have to walk further down this road and then turn to the right.	Nǐ bì xū yán zhè tiáo lù wǎng qián zǒu rán hòu zhuǎn yòu	你必须沿这条路往前走然后转右。
Is it very far from here?	Lí zhè lǐ hěn yuǎn ma	离这里很远吗?

ENGLISH MANDARIN CHINESE CONVERSATION FOR TOURISTS

Not very, I think about half a kilometre.	Bù hěn yuǎn, wǒ xiǎng dà yuē bàn gōng lǐ	不很远，我想大约半公里。
Are there any buses going that way?	Yǒu shěn me bā shì qù nà lǐ ma	有什么巴士去那里吗？
Yes, there are.	Yǒ de	有的。
You can take bus No. 167 or 160.	Nǐ kě yǐ dā 167 hào huò 160 hào bā shì	你可以搭167号或160号巴士。
Where can I take the bus?	Wǒ zài nǎ lǐ kě yǐ dā dào bā shì	我在哪里可以搭到巴士？
The bus stop is here, you will have to wait for a few minutes.	Bā shì zhàn jiù zài zhè lǐ, nǐ yào děng jǐ fēn zhōng	巴士站就在这里，你要等几分钟。
Can I get there in ten minutes time?	Wǒ shí fēn zhōng énng dào nà lǐ ma	我十分钟能到那里吗？
Less than ten minutes, provided there is no traffic jam.	Shǎo guò shí fēn zhōng, rǔ guǒ méi yǒu jiāo tōng zǔ sāi de huà	少过十分钟，如果没有交通阻塞的话。
Is XYZ shopping centre a very busy place?	XYZ gòu wù zhōng xīn shì gè hěn fán máng de dì fāng ma	XYZ购物中心是个很繁忙的地方吗？
Yes, it's quite busy.	Shì de, xiāng dāng fán máng	是的，相当繁忙。

In the Bus 在巴士里

Vocabulary

Town	Zhèn/chéng shì	镇/城市
Station	Zhàn	站
Only	Zhǐ yǒu/ér yǐ	只有/而已
Fare	Piào jià/chē fèi	票价/车费
Conductor	Jiǎn piào yuán	检票员
Pass	Tōng guò/tōng xíng zhèng	通过/通行证
Alight	Xià	下
Proper	Zhèng dāng	正当
Through	Tōng guò	通过
Front door	Qián mén	前门
Rear door	Hòu mén	后门
Have to, has to	Bì xū	必须
Change	Huàn	换
Along	Yán zhè	沿着
Which	Nǎ gè	哪个
Should	Yīng gāi	应该

Dangerous	Wēi xiǎn	危险
Moving, move	Dòng, yí dòng	动, 移动
Wait	Děng	等
Until	Zhí dào	直到
First	xiān	先

Sentences

Which bus can I take to go to town?	Wǒ gāi dā nǎ yī liàng bā shì dào chéng lǐ	我该搭哪一辆巴士到城里?
Only buses Nos. 20, 30A, 33, 40, 41A and 41 will stop at this station.	Zhǐ yǒu 20, 30 A, 33, 40, 41 A hé 41 huì tíng zài zhè gè zhàn	只有20, 30 A, 33, 40, 41 A和41会停在这个站。
Take bus No. 41	Dā 41 hào bā shì	搭41号巴士。
Is this station for bus number 10?	Zhè gè zhàn huì dā dào 10 hào bā shì ma	这个站会搭到10号巴士吗?
What is the fare to go Changi?	Dào zhāng yí de chē fèi shì duō shǎo	到樟宜的车费是多少?
Ask the driver, he will tell you.	Wèn jiǎn piào yuán ba, tā huì gào sù nǐ	问检票员吧,他会告诉你。
Only sixty cents.	6 jiǎo qián ér yǐ	6角钱而已。

IN THE BUS

Do not get down from a bus before it stops at its proper station.	Bā shì zài zhèng què de bā shì zhàn ting xià lái zhī qián, bié xià chē	巴士在正确的巴士站停下来之前,别下车。
You board the bus through the front door and alight by the rear door.	Nǐ cóng qián mén shàng bā shì, cóng hòu mén xià chē	你从前门上巴士,从后门下车。
You have to take two buses to go to Pasir Panjang from here.	Còng zhe lǐ nǐ bì xū dā liǎng tàng cái néng dào bā xī bān rang	从这里你必须搭两趟才能到巴西班让。
It is dangerous to alight or board a moving bus.	Cóng yí dòng de bā shì shàng xià shì hěn wēi xiǎn de	从移动的巴士上下是很危险的。
Wait for the bus to stop before boarding or alighting it.	Děng bā shì ting xià, cái shāng chē huò xià chē	等巴士停下,才上车或下车。
Bus number 170 travels along Bukit timah road from Queens Street to Johor Bahru.	170 hào bā shì yán zhè wǔ jí zhī mǎ lù, cóng kuī yīn jiē dào xīn shān qù	170号巴士沿着武吉知马路,从奎因街到新山去。

Conversation

Where do you want to go?	Nǐ xiǎng shàng nǎ er qù	你想上哪儿去?

ENGLISH MANDARIN CHINESE CONVERSATION FOR TOURISTS

I want to go to Johor Bahru.	Wǒ xiǎng qù xīn shān	我想去新山。
Which bus should I take?	Wǒ gāi dā nǎ yī liàng bā shì	我该搭哪一辆巴士?
From here take bus No. 11 and alight at Rochor Road.	Cóng zhè lǐ dā 11 hào bā shì, rán hòu zài wū cáo lù xià chē	从这里搭11号巴士,然后在梧槽路下车。
From Rochor Road go to Queen Street and board bus No. 170.	Cóng wū cáo lù zòu dào kuī yīn jiē, rán hòu dā 179 hào bā shì	从梧槽路走到奎因街,然后搭170号巴士。
You pay eighty cents to go to Johor Bahru.	Nǐ fù 8jiǎo qián jiù néng qù xīn shān	你付8角钱就能去新山。
Where does this bus go?	Zhè liàng bā shì qù nǎ lǐ	这辆巴士去哪里?
This bus goes to Toa Payoh.	Zhè liàng bā shì qù dà bā yáo	这辆巴士去大芭窑。
Which bus goes to Jurong Shipyard?	Nà liàng bā shì qù yù láng zào chuan chǎng	那辆巴士去裕廊造船厂。
Bus No. 196, 197 and 198 go to Jurong Shipyard.	Bā shì 196, 197 hé 198 kāi wǎng yù láng zào chuan chǎng	巴士196, 197和198开往裕廊造船厂。

Taxi 德士

Vocabulary

Taxi stand	Dé shì zhàn	德士站
Next road	Xià yī tiáo lù	下一条路
Allowed, allow	Yún xǔ	允许
To take	Zài	载
Passenger	Chéng kè	乘客
Charge	Shōu fèi	收费
Per mile	Měi lǐ	每里
Seldom	Hěn shǎo	很少
Queue	Pái duì	排队
Place	Dì fāng	地方
Nowadays	Xiàn zài	现在
Some	Yǒu xiē	有些
Use	Yòng	用
Need	Xū yào	需要
Home	Jiā	家
Nearest, near	Zuì jìn, jìn	最近, 近
Contact, contacted	Jiē chù	接触

Direct, directed	Zhǐ yǐn, zhǐ shì	指引, 指示
Five minutes	5 fēn zhōng	5分钟
For a while	Yī huì er	一会儿
On the way	Lù shàng	路上
Around	Fù jìn	附近
Corner	Jiǎo tóu	角头
How much	Duō shǎo qián	多少钱
According, according to	Gēn jù	根据
The change	Zhǎo huí de qián/zhǎo qián	找回的钱/找钱
Late	Chí	迟
Lost the way	Mí lù	迷路
Presume	Jiǎ shè	假设
Wrong	Cuò	错
Understand	Liǎo jiě	了解
Language	Yǔ yán	语言
Even	Shèn zhì	甚至
Sign language	Shǒu yǔ	手语

Sentences

There is a taxi stand on the next road.	Xià yī tiáo lù yǒu gè dé shì zhàn	下一条路有个德士站。

TAXI

Taxis are not allowed to take passengers along this busy road.	Dé shì bù néng zài zhè tiáo fán máng de lù shāng jiē kè	德士不能在这条繁忙的路上接客。
Taxi charges two dollars and forty cents for the first mile.	Dī yī lǐ lù de dé shì shōu fèi shì liǎng yuán sì jiǎo	第一里路德士的收费是两元四角。
It is very seldom a taxi passes this road.	Zhè tiáo lù shàng yǒu hěn shǎo dé shì jīng guò	这条路上很少有德士经过。
It is very difficult to get a taxi here.	Zhè lǐ hěn nán dā dào dé shì	这里很难搭到德士。
We have to queue up at the place where taxis are allowed to stop to take passengers.	Wǒ men bì xū zài dé shì yún xǔ jiē kè de dì fāng oái duì	我们必须在德士允许接客的地方排队。
Nowadays some taxis use radiophones.	Xiàn zài yǒu xiē dé shì yòng wú xiàn diàn	现在有些德士用无线电。
You only need to telephone the office of the radiophones taxis from your home.	Nǐ zhǐ xū yào cóng jiā lǐ dǎ diàn huà dào wú xiàn diàn dé shì zhàn	你只需要从家里打电话到无线电德士站。
From the office, a nearest taxi to your home will be contacted and directed.	Rán hòu dé shì zhàn huì lián luò jí zhǐ shì lí nǐ jiā zuì jìn de dé shì	然后德士站会联络及指示离你家最近的德士。

ENGLISH MANDARIN CHINESE CONVERSATION FOR TOURISTS

Let me try.	Rang wǒ shì yī shì	让我试一试。
Hello! Is this the radiophoned taxi?	Hā luó, zhè shì wú xiàn diàn dé shì ma	哈罗,这是无线电德士吗?
Yes, can I help you?	Shì de, yǒu hé guì gàn	是的,有何贵干?
Can you send a taxi to my home at No. 25C Jalan Kuching?	Nǐ néng pài yī liǎng dé shì dào wǒ jiā ma? dì zhǐ shì 25C, rě lán gǔ jìng, xīn jiā pō 14 yóu qū	你能派一辆德士到我家吗?地址是25C,惹兰古晋,新加坡14邮区。
Your home telephone number, please.	Nǐ jiā diàn huà jǐ hào	你家电话几号?
Hello! This is radiophone taxis office. A taxi will come to your home in about ten minutes' time.	Hā luó, zhè shì wú xiàn diàn dé shì zhàn, yī liang4 dé shì huì zài shí fēn zhōng nèi dào nǐ jiā	哈罗,这里是无线电德士站,一辆德士会在十分钟内到你家。
Thank you.	Xiè xie	谢谢

Conversation

| Can you get me a taxi please? | Nǐ néng tì wǒ jiào yī liàng dé shì ma | 你能替我叫一辆德士吗? |

TAXI

Yes, I have telephoned for a taxi. It will be here in five minutes.	Hǎo de, wǒ yī jīng dǎ diàn huà jiào le yī liàng dé shì, wǔ fēn zhōng jiù dào	好的,我已经打电话叫了一辆德士,五分钟就到。
There you are, it has come already.	Nǐ kàn, tā yī jīng lái le	你看,它已经来了。
Take me to the airport, please.	Qǐng song wǒ dào fēi jī chǎng qù	请送我到飞机场去。
Can you stop for a while at the nearest post office on the way?	Nǐ néng shun lù zài zuì jìn de yóu zhèng jú ting yī xià ma	你能顺路在最近的邮政局停一下吗?
Yes, there is a post office around that corner.	Shì de, nà gè jiǎo tóu yǒu jiān yóu zhěng jú	是的,那个角头有间邮政局。
You wait for a while, I want to post this letter.	Nǐ děng yī xià, wǒ yào jì zhè fēng xìn	你等一下,我要寄这封信。
How much?	Duō shǎo qián	多少钱?
Six dollars and fifty cents according to the meter.	Zhào biǎo shì liù kuài bàn qián	照表是六块半钱。
Here is seven dollars. You can take the change.	Zhè lǐ shì qī kuài qián, bù yòng zhǎo le	这里是七块钱,不用找了。

ENGLISH MANDARIN CHINESE CONVERSATION FOR TOURISTS

Thank you, sir.	Xiè xie xiān sheng	谢谢先生。
You are late. You lost your way I presume.	Nǐ chí dào le, wǒ xiǎng nǐ mí lù le ba	你迟到了，我想你迷路了吧。
Oh yes, the taxi driver took me to the wrong place.	Shì de, dé shì sī jī nòng cuò le, zài wǒ dào ling yī gè dì fāng	是的，德士司机弄错了，载我到另一个地方。
He could not understand my language, even though I used sign language.	Tā tīng bù dǒng wǒ de huà, suī rán wǒ yòng shǒu yǔ	他听不懂我的话，虽然我用手语。
Then how did you manage to come here at last?	Nà nǐ zuì hòu zěn me dào le zhè lǐ	那你最后怎么到了这里？
A pedestrian helped us.	Yī gè xíng rén bāng le wǒ men	一个行人帮了我们。

Taking a Train 乘火车

Vocabulary

Buy, bought	Mǎi	买
Ticket	Piào	票
Train	Huǒ chē	火车
Night mail	Yè chē	夜车
Departure, depart	Chū fā, lí kāi	出发, 离开
Quarter	Sì fēn zhī yī	四分之一
Arrive	Dǐ dá	抵达
Usually	Yī bān shàng	一般上
To proceed	Jìn xíng	进行
North	Běi	北
South	Nán	南
West	Xī	西
East	Dōng	东
Fast, faster	Kuài, gèng kuài	快, 更快
Cargo train	Zài huò liè chē	载货列车
Goods	Huò wù	货物
Carries	Zài	载

ENGLISH MANDARIN CHINESE CONVERSATION FOR TOURISTS

Second	Dì èr	第二
Third	Dì sān	第三
Different	Bù tong	不同
Each other	Bǐ cǐ	彼此
Pay	Fù qián	付钱
Extra	É wài, duō yú	额外, 多余
Sleep	Shuì	睡
Sleeping berth	Wò pù	卧铺
Check	Jiǎn chá	检查
Checking point	Jiǎn chá chù	检查处
A few	Yī xiē	一些
A call, to call at	Yī tōng diàn huà	一通电话
A week	Yī gè xīng qī	一个星期
Straight	Zhí	直
Go straight	Zhí zǒu	直走
Same day	Tong yī tiān	同一天
Already	Yǐ jīng	已经
Better	Gèng hǎo/zuì hǎo	更好/最好
Hurry	Kuài	快
Otherwise	Bù rán de huà	不然的话
Miss	Cuò guò	错过
Too clearly	Tài zǎo	太早
Luggage	Xíng lǐ	行李

Holiday	Jià qī	假期
Public holiday	Gōng gòng jià jī	公共假期

Sentences

Mail train moves faster and it stops only at big towns' stations	Yóu jiàn huǒ chē xíng shǐ bǐ jiào kuài, ér qiě zhǐ tíng zài dà chéng zhèn de huǒ chē zhàn	邮件火车行使比较快，而且只停在大城镇的火车站。
There are also cargo trains which carry goods.	Ling wài yě yǒu zài huò liè chē yòng lái zài huò wù	另外也有载货列车用来载货物。
The train has first, second and third class coaches. The fares are also different from one another.	Huǒ chē shàng yǒu yī, èr hé sān děng chē xiāng, shōu fèi bù yī yang	火车上有一、二和三等车厢，收费都不一样。
If you travel at night, you can get a sleeping berth by paying extra.	Rǔ guǒ nǐ dā yè chē, zhǐ xū yào fù duō xiē jiù kě yǐ zuò wò pù	如果你搭夜车，只须要付多些就可以坐卧铺。
There is also a restaurant in the train.	Huǒ chē shāng yě yǒu gè cān tīng	火车上也有个餐厅。

TAKING A TRAIN

ENGLISH MANDARIN CHINESE CONVERSATION FOR TOURISTS

| At the railway station, there are porters who can help you carry your luggages. | Zài huǒ chē zhàn, yǒu jiǎo fū kě yǐ bāng nǐ ná xíng lǐ | 在火车站,有脚夫可以帮你拿行李。 |
| If you travel by train the Customs Check Point is at Tanjong Pagar Railway Station. | Rǔ guǒ nǐ dā huǒ chē, guān kǎ shì shè zài dān róng bā gē huǒ chē zhàn | 如果你搭火车,关卡是设在丹戎巴葛火车站。 |

Conversation

Have you bought your ticket?	Nǐ mǎi piào le ma	你买票了吗?
Not yet.	Hái méi yǒu	还没有。
Yes, I have bought one first class ticket.	Shì de, wǒ mǎi le yī zhāng tóu děng chē piào	是的,我买了一张头等车票。
Please give me one first class ticket.	Qǐng gěi wǒ yī zhāng tóu děng chē piào	请给我一张头等车票。
Where are you going?	Nǐ yào qù nǎ lǐ	你要去哪里?
I am going to Penang.	Wǒ yào qù bīng chéng	我要去槟城。
What is the first class fare to Penang?	Dào bīng chéng de tóu děng chē piào shì duō shǎo	到槟城的头等车票是多少?

TAKING A TRAIN

What is the departure time?	Jǐ shí chū fā	几时出发?
Quarter to ten p.m.	9diǎn 45 fēn	9点45分。
At what time will the train arrive at Kuala Lumpur?	Jǐ diǎn huǒ chē huì dào jí long pō	几点火车会到吉隆坡?
At about 6a.m. the next morning.	Dà yuē shì míng zǎo 6 diǎn	大约是明早6点。
Usually passengers have to change to another train before proceeding north.	Yī bān shàng chéng kè yào huàn ling yī liè huǒ chē, cái néng běi shàng	一般上乘客要换另一列火车,才能北上。
Are you going to call at Kuala Lumpur for a few days?	Nǐ dǎ suàn zài jí long pō ting liú jǐ tiān ne	你打算在吉隆坡停留几天呢?
Yes, I will call at Kuala Lumpur for a few days before going to Penang.	Shì de, wohuì zài jí long pō ting liú jǐ tiān cái dào bīng chéng qù	是的,我会在吉隆坡停留几天才到槟城去。
No, I will not call at Kuala Lumpur. I will go straight to Penang.	Bù, wǒ bù huì ting zài jí long pō, wǒ huì zhí jiē dào bīng chéng	不,我不会停在吉隆坡,我会直接到槟城。

It is already 8.30p.m. You have to get ready, otherwise you will miss your train.	Yǐ jīng shì wǎn shàng bā diǎn bàn le, nǐ bì xū zhǔn bèi chū fā le, bù rán yào cuò guò huǒ chē le	已经是晚上八点半了，你必须准备出发了，不然要错过火车了。
It is too early to go to the station now.	Xiàn zài dào huǒ chē zhàn hái tài zǎo	现在到火车站还太早。

MRT 地铁

Vocabulary

MRT (Mass Rapid Transit)	Dì tiě	地铁
Station	Chē zhàn	车站
Ticket	Chē piào	车票
Escalator	Diàn dòng fú tī	电动扶梯
Machine	Jī qì	机器
Interchange	Zhuǎn huàn zhàn	转换站
Enter	Jìn rù	进入
Through	Jīng guò	经过
Push button	Àn niǔ	按钮
Fare	Chē fèi	车费
Passenger platform	Dā kè yuè tái	搭客月台
Automatic	Zì dòng	自动
Ticket selling machine	Chē piào shòu mài jī	车票售卖机
Insert	Tóu rù	投入
Produce	Shòu chū	售出

Tunnel	Suì dào	隧道
Underground	Dì xià	地下

Sentences

I enjoy the ride in the MRT.	Wǒ xǐ huān chéng dā dì tiě	我喜欢乘搭地铁车。
Have you ever taken a ride in the MRT?	Nǐ céng dā guò dì tiě chē ma	你曾搭过地铁车吗?
We buy the MRT ticket at the station.	Wǒ men zài chē zhàn gòu mǎi dì tiě chē piào	我们在车站购买地铁车票。
Smoking is prohibited in the MRT train.	Zài dì tiě chē nèi bù zhǔn chōu yān	在地铁车内不准抽烟。
Insert one dollar coin into the machine and push the fare button.	Tóu rù yī yuán yìng bì jìn rù jī qì nèi, rán hòu àn chē fèi àn niǔ	投入一元硬币进入机器内,然后按车费扭。
Don't smoke at the waiting platform while waiting for the train to come.	Zài děng chē lái zhī jì, bù de zài hòu chē yuè tái chōu yān	在等车来之际,不得在候车月台抽烟。
At some places, MRT train goes through the tunnel.	Zài yī xiē dì fāng, dì tiě chē jīng guò suì dào	在一些地方,地铁车需经过隧道。

At some places, MRT goes on the overhead runaway.	Zài yī xiē dì fāng, dì tiě xū yào gāo jià chē dào xíng shǐ	在一些地方,地铁车需要在高架车道行驶。
Some MRT stations are built underground.	Yǒu xiē dì tiě chē zhàn shì jiàn zài dì dǐ xià	有些地铁车站是建在地底下。

Conversation

Have you ever taken a ride in MRT?	Nǐ cnég dā guò dì tiě ma	你曾搭过地铁车吗?
When I go down town, I always go by MRT.	Wǒ dào shì qū shí, jīng cháng dā dì tiě	我到市区去时,经常乘搭地铁。
Where do you board the train?	Nǐ zài hé chù shàng chē	你在何处上车?
From Ang Mo Kio Station.	Cóng hóng mào qiáo shàn chē	从宏茂桥站上车。
I go by bus from Upper Thomson Road to Ang Mo Kio bus interchange.	Wǒ cóng tāng shēn lù chéng bā shì zhì hóng mào qiáo bā shì zhuǎn huàn zhàn	我从汤申路乘巴士车至宏茂桥巴士车转换站。
From there I enter MRT station by escalator.	Cóng nà lǐ wǒ chéng diàn dòng fú tī jìn rù dì tiě zhàn	从那里我乘电动扶梯进入地铁站。

Where do we buy the MRT ticket?	Wǒ men zài nǎ lǐ mǎi dào dì tiě chē piào	我们在哪里买到地铁车票?
We buy the MRT tickey at the station through the automatic ticket selling machine.	Wǒ men zài chē zhàn tōng guò zì dòng chē piào shòu mài jī gòu mǎi dì tiě chē piào	我们在车站通过自动车票售卖机购买地铁车票。
We insert a one dollar coin into the machine and push the fare button, the machine will produce the required ticket.	Wǒ mén tóu rù yī yuán yìng bì jìn rù jī qì nèi, rán hòu àn chē fèi niǔ, jī qì jiù huì bǎ suǒ xū de chē piào shò chū	我们投入一元硬币进入机器内,然后按车费扭,机器就会把所需的车票售出。
Then, we go to the passenger platform and wait for the train to come.	Nà me, wǒ men jiù dào yuè tái děng hòu dì tiě chē dào lái	那么,我们就到月台等候地铁车的到来。
In the train, smoking, eating, even drinking are prohibited.	Zài chē nèi yī gài jìn zhǐ chōu yān hé yǐn shí	在车内一概禁止抽烟和饮食。
In some places, MRT train goes through the tunnel.	Zài yī xiē dì fāng, dì tiě chē xū jīng guò suì dào	在一些地方,地铁车需经过隧道。

| There are some stations built underground. | Yǒu xiē dì tiě zhàn shì jiàn zài dì dǐ xià | 有些地铁站是建在地底下。 |
| I enjoy the ride in the MRT. | Wǒ xǐ huān chéng dā dì tiě chē | 我喜欢乘搭地铁车。 |

Day and Time
星期与时间

Vocabulary

English	Pinyin	Chinese
Sunday	Xīng qī tiān	星期天
Monday	Xīng qī yī	星期一
Tuesday	Xīng qī èr	星期二
Wednesday	Xīng qī sān	星期三
Thursday	Xīng qī sì	星期四
Friday	Xīng qī wǔ	星期五
Saturday	Xīng qī liù	星期六
One o'clock	Yī diǎn	一点
Fifteen past two	Liǎng diǎn shí wǔ fēn	两点十五分
Quarter past three	Sān diǎn sì shí wǔ fēn	三点四十五分
Half past four	Sì diǎn bàn	四点半
Quarter to five	Sì diǎn sì shí wǔ fēn	四点四十五分
Minute	Fēn zhōng	分钟
Date	Rì qī	日期
Year	Nián	年

Month	Yuè	月
Week	Zhōu	周
Important	Zhòng yào	重要
Quite agree	Xiāng dāng tong yì	相当同意
Mosque	Huí jiào tang	回教堂

Sentences/Conversation

What is the time now?	Xiàn zài jǐ diǎn le	现在几点了?
It is six o'clock.	Xiàn zài shì liù diǎn	现在是六点。
It is half past seven.	Shì qī diǎn bàn	是七点半。
It is twenty minutes past eight.	Xiàn zài shì bā diǎn èr shí fēn	现在是八点二十分。
It is late.	Xiàn zài hěn chí le	现在很迟了。
No, it is still early.	Bú, hái hěn zǎo	不,还很早。
At what time does the train leave?	Huǒ chē jǐ diǎn zǒu	火车几点走?
It will leave at quarter past ten.	Shí diǎn shí wǔ fēn kāi	十点十五分开。
At what time do you take your lunch?	Nà nǐ jǐ diǎn chī wǔ fàn	那你几点吃午饭?

DAY AND TIME

I take it at twelve o'clock.	Wǒ shí èr diǎn chī de	我十二点吃的。
I go home at quarter to five.	Wǒ zài sì diǎn sì shí wǔ fēn huí jiā	我在四点四十五分回家。
Time is important, isn't it?	Shí jiān hén bǎo guì, duì ma	时间很宝贵,对吗?
Yes, I quite agree.	Shì de, wǒ xiāng dāng tong yì	是的,我想当同意。
Would you like to see a film show?	Nǐ yào kàn chǎng diàn yǐng ma	你要看场电影吗?
Sorry, I have no time.	Duì bù qǐ, wǒ méi kòng	对不起,我没空。
What about tomorrow or the day after tomorrow?	Nà míng tiān huò hòu tiān ne	那明天或后天呢?
What day will be tomorrow?	Míng tiān shì xīng qī jǐ	明天是星期几?
Tomorrow will be Saturday.	Míng tiān shì xīng qī liù	明天是星期六。
How many days are there in a week?	Yī xīng qī yǒ jǐ tiān	一星期有几天?
There are seven days in a week.	Yī xīng qī yǒu qī tiān	一星期有七天。

ENGLISH MANDARIN CHINESE CONVERSATION FOR TOURISTS

There are thirty days in a month.	Yī gè yuè yǒu sān shí tiān	一个月有三十天。
Three hundred and sixty-five days make a year.	365 tiān jiù shì yī nián	365天就是一年。
What day do Muslims go to the mosque?	Huí jiào tú nǎ tiān shàng huí jiào tang	回教徒哪天上回教堂？
They go to the mosque every Friday.	Tā men měi gè xīng qī wǔ dào huí jiào tang qù	他们每个星期五到回教堂去。

The Words You Should Know
您应当知道的词儿

Parts of body

Body	Shēn tǐ	身体
Face	Liǎn	脸
Ear	Ěr duō	耳朵
Nose	Bí zi	鼻子
Mouth	Zuǐ	嘴
Lips	Zuǐ chún	嘴唇
Forehead	é tóu	额头
Head	Tóu	头
Eyes	Yǎn jīng	眼睛
Eyebrow	Jié máo	睫毛
Hands	shǒu	手
Neck	Jǐng	颈
Chest	Xiōng bù	胸部
Elbow	Shǒu zhǒu	手肘
Waist	Yāo	腰
Breast	Rǔ fang	乳房
Buttock	Tún bù	臀部

Navel	Dù qí	肚脐
Finger, fingers	Shǒu zhǐ	手指
Palm	Shǒu zhǎng	手掌
Arm	Shǒu bì	手臂
Tongue	Shé tóu	舌头
Tooth, teeth	Yá chǐ	牙齿

Medical terms

Sick	Shēng bìng	生病
Headache	Tóu tòng	头痛
Stomachache	Dù zi tong	肚子痛
Sore leg	Jiǎo tong	脚痛
Sore neck	Jǐng tong	颈痛
Sore eye	Hóng yǎn	红眼
Fever	Fā shāo	发烧
Malaria	Nuè jí	疟疾
High fever	Fā gāo shāo	发高烧
Cough	Ké sòu	咳嗽
Tuberculosis	Fèi láo	肺痨
Diarrhoea	Fù xiè	腹泻
Pregnant	Huái yùn	怀孕
To operate	Kāi dāo	开刀
Boils	Gǔn rè	滚热
Giddy	Tóu yūn	头晕
Blind	Xiā yǎn	瞎眼

THE WORDS YOU SHOULD KNOW

| Dumb | Yǎ | 哑 |

Animals

Fowl	Jī	鸡
Cock	Gōng jī	公鸡
Hen	Mǔ jī	母鸡
Chicken	Xiǎo jī	小鸡
Turkey	Huǒ jī	火鸡
Duck	Yā	鸭
Goose	é	鹅
Cow	Niú	牛
Goat	Yang	羊
Buffalo	Shuǐ niú	水牛
Pig	Zhū	猪

Fruits

Grape	Pú taó	葡萄
Orange	Chéng	橙
Apple	Ping guǒ	苹果
Banana	Xiāng jiāo	香蕉
Pineapple	Huáng lí	黄梨
Jackfruit	Yáng taó	杨桃
Guava	Fān shí liú	番石榴

Flowers

| Rose | Méi guī huā | 玫瑰花 |

Jasmine	Mò lì huā	茉莉花
Orchids	Hú jī huā	胡姬花
Hibiscus	Dà hóng huā	大红花
Balsam	Fèng xiān huā	凤仙花

Numeral 数目

One	Yī	一
Two	Èr	二
Three	Sān	三
Four	Sì	四
Five	Wǔ	五
Six	Liù	六
Seven	Qī	七
Eight	Bā	八
Nine	Jiǔ	九
Ten	Shí	十
Eleven	Shí yī	十一
Twelve	Shí Èr	十二
Thirteen	Shí Sān	十三
Fourteen	Shí Sì	十四
Fifteen	Shí Wǔ	十五
Sixteen	Shí Liù	十六
Seventeen	Shí Qī	十七
Eighteen	Shí Bā	十八

ENGLISH MANDARIN CHINESE CONVERSATION FOR TOURISTS

Nineteen	Shí Jiǔ	十九
Twenty	Èr Shí	二十
Thirty	Sān Shí	三十
Forty	Sì Shí	四十
Fifty	Wǔ Shí	五十
Sixty	Liù Shí	六十
Seventy	Qī Shí	七十
Eighty	Bā Shí	八十
Ninety	Jiǔ Shí	九十
One hundred	Yī bǎi	一百
One thousand	Yī qiān	一千
One-eighth	Bā fēn yī	八分一
One-quarter/quarter	Sì fēn yī	四分一
Half	Èr fēn yī/yī bàn	二分一/一半
Three-quarter	Sān fēn yī	三分一
Seven-eighth	Bā fēn qī	八分七

Future Activities
未来活动

Conversation

What time are you going to get up tomorrow morning?	Míng tiān zǎo shàng nǐ shén me shí hòu qǐ chuáng	明天早上你什么时候起床?
I'll probably get up early at 6.30 a.m.	Wǒ huò xǔ yú qīng chén liù shí sān shí fēn qǐ chuáng	我或许於清晨六时三十分起床。
What will you do then?	Zhī hòu nǐ huì zuò shén me	之后你会做什么?
After I get dressed, I'll have breakfast.	Wǒ chuān hǎo yī hòu, jiù yòng zǎo cān	我穿好衣后,就用早餐。
What will you have for breakfast tomorrow?	Míng tiān zǎo, cān nǐ huì chī shén me	明天早餐,你会吃什么?
I'll probably have porridge for breakfast.	Huò xǔ zài zǎo cān chī xiē zhōu	或许在早餐吃些粥。
Are you going to work tomorrow?	Míng tiān nǐ yào gōng zuò ma	明天你要工作吗?

Yes, I'll go to work after I have my breakfast.	Yào de, wǒ chī guò zǎo cān hòu jiù qù gōng zuò	要的,我吃过早餐后就去工作。
I'll leave the house at 8.30 and get to the office at 9.00 a.m.	Wǒ jiāng yú bā shí sān shí fēn lí kāi jiā, jiǔ shí dào dá bàn shì chù	我將於八时三十分离开家,九时到达办事处。
I'll finish work at 5.30 and get home at 6 o'clock.	Wǒ jiāng yú wǔ diǎn sān shí fēn zuò wán gōng zuò, ér yú liù diǎn huí jiā	我將於五点三十分做完工作,而於六点回家。
Are you going to visit your uncle tomorrow night?	Míng tiān wǎn shàng, nǐ yào qù bài fǎng nǐ de shū shu ma	明天晚上,你要去拜访你的叔叔吗?
Yes, I'll visit him if I'm free then.	Shì de, suí shí yǒu kòng wǒ jiāng bài fǎng tā	是的,随时有空我将拜访他。
Are you going to the concert next Thursday?	Xià gè xīng qī sì nǐ yào tīng yīn yuè huì ma	下个星期四你要听音乐会吗?
I'll probably stay at home and watch television.	Wǒ huò xǔ huì liú zài jiā lǐ kàn diàn shì	我或许将留在家里看电视。
Can we go to the museum on Friday?	Xīng qī wǔ wǒ men kě yǐ qù bó wù guǎn ma	星期五我们可以去博物馆吗?

FUTURE ACTIVITIES

Yes, I think we can.	Shì de, wǒ men kě yǐ qu	是的,我们可以去。
What about Susan, can she come along?	Zhì yú sū shān, tā shì fǒu kě yǐ yī tong lái	至於苏珊,她是否可以一同来?
Yes, why not?	Shì de, wèi hé bù kě yǐ	是的,为何不可以?

The Weather 气候

Conversation

How is the weather today?	Jīn rì de tiān qì rú he	今日的天气如何？
The weather is fine today.	Jīn tiān tiān qì qíng lǎng	今天天气晴朗。
What was the weather like yesterday?	Zuó tiān de tiān qì yǒu hé bù tong	昨天的天气有何不同？
Yesterday it rained all day.	Zuó tiān yī zhěng tiān xià yǔ	昨天一整天下雨。
What will the weather be like tomorrow?	Míng tiān de tiān qì jiāng yǒu shěn me bù tong	明天的天气将有什么不同？
It's going to snow tomorrow.	Míng tiān jiāng xià xuě	明天将下雪。
It's very cold today.	Jīn rì fēi cháng lěng	今日非常冷。
It's been cloudy all morning.	Zhěng gè zǎo shàng wū yún mǎn tiān	整个早上乌云满天。

Is it raining now?	Xiàn zài xià yǔ ma	现在下雨吗？
It'll probably clear up this afternoon.	Jīn tiān xià wǔ huò xǔ yǔ guò tiān qíng	今天下午或许雨过天晴。
The days are getting hotter.	Zhè rì zǐ yuè lái yuè rè	这日子越来越热。
Today is the first day of spring.	Jīn tiān shì chūn tiān de dì yī tiān	今天是春天的第一天。
What's the temperature today?	Jīn tiān de wēn dù shì rú hé	今日的温度是如何？
It's about thirty degrees Celsius this afternoon.	Jīn rì xià wǔ yuē zài shè shì sān shí dù	今日下午约在摄氏三十度。
There's a cool breeze this evening.	Jīn wǎn liáng fēng xī xī	今晚凉风习习。

Sickness and Health
病与健康

Conversation

How are you today?	Jīn rì nǐ hǎo ma	今日你好吗?
I don't feel very well this morning.	Jīn zǎo wǒ gǎn jué fēi cháng bù shū fú	今早我感觉非常不舒服。
Are you sick?	Nǐ bìng le	你病了?
I think I'm getting the flu.	Wǒ xiǎng wǒ huàn shàng liú xíng gǎn mào zhèng	我想我患上流行性感冒症。
My fever is gone, but I still have a cough.	Wǒ yǐ jīng tuì le shāo, dàn shì wǒ réng rán ké sòu	我已经褪了烧,但是我仍然咳嗽。
My brother has a headache.	Wǒ de dì di (gē ge) yòu tóu tòng	我的弟弟(哥哥)又头痛。
Which of your arm is sore?	Nǐ de nǎ yī zhī shǒu bì tòng	你的哪一只手臂痛?

My right arm hurts, it hurts right here.	Wǒ de yòu shǒu bì shòu shāng, jiù shāng zài zhè lǐ	我的右手臂受伤，就伤在这里。
What's the matter with you?	Nǐ zěn me la	你怎么啦？
I've got a pain in my back.	Wǒ de bèi bù gǎn jué tòng	我的背部感觉痛。
Which foot hurts? Is it the right foot?	Nǎ yī zhī jiǎo shòu shāng? Shì zuǒ jiǎo ma?	哪一只脚受伤？是左脚吗？
How did you break your leg?	Nǐ de jiǎo zěn yang zhe2 duàn de?	你的脚怎样折断的？
I slipped on the stairs and fell down.	Wǒ zài tī jí huá le yī jiāo ér diē dǎo	我在梯级滑了一跤而跌倒。
Your right hand is swollen. Does it hurt?	Nǐ de yòu shǒu zhǒng qǐ lái, shì fǒu shòu shāng le	你的右手肿起来，是否受伤了？
It's bleeding, you'd better go see a doctor about that cut.	Tā zhèng zài liú xié, nǐ zuì hǎo zhǎo yī shēng kàn kan shāng kǒu	它正在流血，你最好找医生看看伤口。
I hope you will be well soon.	Wǒ xī wàng nǐ hěn kuài jiù huì fù yuán	我希望你很快就会复原。

Hobbies 嗜好

Conversation

My hobby is collecting stamps. Do you have a hobby?	Wǒ de shì hào shì shōu jí yóu piào. Nǐ yǒu shì hào ma	我的嗜好是收集邮票。你有嗜好吗?
I always thought photography would be an interesting hobby.	Wǒ jīng cháng xiǎng shè yǐng shì yī zhǒng yǒu qù de shì hào	我经常想摄影是一种有趣的嗜好。
Some people like horseback riding, but I prefer golfing.	Yǒu xiē rén xǐ huān qí mǎ, dàn wǒ jiào xǐ huān dǎ gāo ěr fū qiú	有些人喜欢骑马,但我较喜欢打高尔夫球。
Do you have any special interests other than your job?	Chú le nǐ de gōng zuò zhī wài, nǐ yǒu shěn me rèn hé tè bié xìng qù ma	除了你的工作之外,你有什么任何特别兴趣吗?

Learning foreign languages is just an avocation with me.	Xué xí wài guó yǔ wén zhǐ shì wǒ de yī zhǒng fù yè	学习外国语文只是我的一种副业。
I find stamp collecting relaxing and it takes my mind off my work.	Wǒ jué de shōu jí yóu piào néng ling rén sōng chī shū chàng, rang wǒ de nǎo xiū xián	我觉得收集邮票能令人松弛舒畅，让我的脑休闲。
On weekends, I like to read books to get my mind off work.	Zhō mò wǒ xǐ huān yuè dú shū běn, yǐ rang wǒ de nǎo xiū xiān	周末我喜欢阅读书本，以让我的脑休闲。
My cousin is a member of a drama club. He seems to enjoy acting.	Wǒ de biǎo (dì) shì xì jù jù lè bù de huì yuán。Tā kàn lái duì yǎn xì hěn gǎn xìng qù	。我的表（弟）是戏剧俱乐部的会员。他看来对演戏很感兴趣。
He plays the piano for his own enjoyment.	Tā tán gāng qín yǐ zì yú	。他弹钢琴以自娱。
I've gotten interested in hi-fi. I'm building my own equipment.	Wǒ duì ghāo chuan zhēn yīn xiǎng hěn gǎn xìng qù, wǒ zhèng zhuāng ahì zì jǐ de yīn xiǎng shè Bèi	我对高传真音响很感兴趣，我正装置自己的音响设备。

HOBBIES

| He's not a professional. He plays the piano for the fun of it. | Tā bù shì yī míng zhuān yè rén yuán, tā tán gāng qín shì wèi le lè qù | 他不是一名专业人员,他弹钢琴是为了乐趣。 |

Recreation and Sports
消遣与运动

Conversation

Baseball is my favourite sport. What's your favourite?	Bang qiú shì wǒ xǐ ài de yùn dòng. Nǐ xǐ huān nǎ yī zhǒng yùn dòng	棒球是我喜爱的运动。你喜欢哪一种运动?
My nephew is a baseball player. He is a catcher.	Wǒ de zhí zi shì yī míng bang qiú yùn dòng yuán, tā shì yī míng bang qiú jiē shǒu	我的侄子是一名棒球运动员,他是一名棒球接手。
When you played football, what position did you play?	Nǐ tī zú qiú shí, nǐ tī shěn me wèi zhì	你踢足球时,你踢什么位置?
We played a game last night. The score was tied six-to-six.	Zuó wǎn wǒ men cān jiā yī chǎng qiú sài, dé fēn liù bǐ liù yán chéng hé jú	昨晚我们参加一场球赛,得分六比六言成和局。

ENGLISH MANDARIN CHINESE CONVERSATION FOR TOURISTS

I went to a boxing match last night. It was a good fight.	Zuó wǎn wǒ qù guān kàn yī chǎng quán jī sài, sài qíng fēi cháng jīng cǎi	昨晚我去观看一场拳击赛，赛情非常精彩。
When I was on the track team, I used to run ten kilometers every day.	Wǒ cān jiā tián jìng duì shí, wǒ xí guàn měi tiān pǎo shí gōng lǐ	我参加田径队时，我习惯每天跑十公里。
I like fishing and hunting, but I don't like swimming.	Wǒ xǐ huān diào yú hé dǎ liè, dàn shì wǒ bù xǐ huān yóu yǒng	我喜欢钓鱼和打猎，但是我不喜欢游泳。
My favourite winter sport is skiing. I belong to a ski club.	Wǒ xǐ huān de dōng tiān yùn dòng shì huá xuě, wǒ shì huá xuě jù lè bù de huì yuán	我喜欢的冬天运动是滑雪，我是滑雪俱乐部的会员。
Would you be interested in going to horseraces this afternoon?	Jīn tiān xià wǔ nǐ yǒu xìng qù qián wǎng sài mǎ ma	今天下午你有兴趣前往赛马吗？
The hardest thing to learn is to be a good loser.	Zuì nán xué de dōng xī shì chéng wéi yī míng hǎo de shī bài zhě	最难学的东西是成为一名好的失败者。

RECREATION AND SPORTS

Be a good sport. Play according to the rule of the game.	Chéng wéi yī míng hǎo de yùn dòng yuán, àn zhào yùn dòng guī zé lái liàn xí	成为一名好的运动员,按照运动规则来练习。
Our family went camping last summer. We had to buy a new tent.	Wǒ men quán jiā rén yú qù nián xià tiān qián wǎng lù yíng。Wǒ men mǎi le yī gè xīn zhàng péng	我们全家人於去年夏天前往露营。我们买了一个新帐篷。
This afternoon we went to the gym for workout. We lifted weights.	Jīn tiān xià wǔ wǒ men qián wǎng tǐ yù guǎn duàn liàn shēn tǐ。Wǒ men jǔ zhòng	今天下午我们前往体育馆锻炼身体。我们举重。
What do you do for recreation?	Nǐ zuò xiē shěn me xiāo qiǎn	你做些什么消遣?
Do you have a hobby?	Nǐ yǒu shěn me shì hào	你有些什么嗜好?
My muscles are sore from playing baseball.	Wǒ de jī ròu yóu yú dǎ bang qiú ér téng tong	我的肌肉由于打棒球而疼痛。
Why is recreation essential?	Wèi shěn me xiāo qiǎn zhì yú zhòng yào	为什么消遣至为重要?

Name three team sports.	Qíng shuō chū sān zhǒng zǔ chéng duì de tǐ yù	请说出三种组成队的体育。
Name two forms of indoor recreation.	Qíng shuō chū liǎng zhǒng hù nèi xiāo qiǎn yùn dòng	请说出两种户内消遣运动。
What is your favourite form of recreation?	Nǐ suǒ ài hào de xiāo qiǎn xiàng mù shì shěn me	你所爱好的消遣项目是什么?

Music and Literature
音乐与文学

Conversation

What's your favourite kind of music? Do you like jazz?	Nǐ xǐ huān nǎ yī lèi yīn yuè? nǐ xǐ huān jué shì yīn yuè ma?	你喜欢哪一类音乐?你喜欢爵士音乐吗?
He's a composer of serious music. I like his music a lot.	Tā shì yán sù yīn yuè de zuò qǔ jiā, wohěn xǐ huān tā de yīn yuè	他是严肃音乐的作曲家,我很喜欢他的音乐。
We went to a concert last night to hear the symphony orchestra.	Zuó wǎn wǒ men qián wǎng tīng jiāo xiǎng yīn yuè tuán de yīn yuè huì	昨晚我们前往听交响乐团的演奏会。
My brother took lessons on the trumpet for nearly ten years.	Wǒ de dì di (gē ge) cān jiā lǎ bā kè chéng chà bù duō shí nián le	我的弟弟(哥哥)参加喇叭课程差不多十年了。

You play the piano beautifully. How long do you practise every day?	Nǐ tán de gāng qín fēi cháng yuè ěr dòng tīng. Nǐ měi tiān yào huā duō shǎo shí jiān liàn xí	你弹的钢琴非常悦耳动听。你每天要花多少时间练习？
I've never heard that piece before. Who wrote it?	Yǐ qián, wǒ cóng lái méi yǒu tīng guò zhè yuè qǔ, shì shuí zuò de	以前，我从来没有听过这乐曲，是谁作的？
Have you ever thought about becoming a professional musician?	Nǐ yǒu méi yǒu xiǎng guò yào chéng wéi yī míng zhuān yè yīn yuè jiā	你有没有想过要成为一名专业音乐家？
Who is the author of this novel?	Shuí shì zhè běn xiǎo shuō de zuò zhě	谁是这本小说的作者？
I've never read a more stirring story.	Wǒ cóng lái méi yuè dú guò yī běn gèng dòng rén de gù shì	我从来没阅读过一本更动人的故事。
Who would you name as the greatest poet of our time?	Nǐ néng shuō chū wǒ mén shí dài zhōng zuì wěi dà de shī rén	你能说出我们时代中最伟大的诗人？

MUSIC AND LITERATURE

This poetry is realistic. I don't care of it very much.	Zheshì yī piān xiàn shí zhǔ yì de shī。Wǒ háo bù zài yì	。这是一篇现实主义的诗。我毫不在意。
Many great writers were not fully appreciated while they were alive.	Xxǔ duō wěi dà de zuò jiā zài shì shí méi yǒu wán quán bèi shǎng shì	。许多伟大的作家在世时没有完全被赏识。
This is a poem about frontier life in the United States.	Zhè shì yī piān yǒu guān zài měi guó qián xiàn shēng huó de shī	这是一篇有关在美国前线生活的诗。
This writer uses vivid description in his writings.	Zhè wèi zuò zhě zài tā de zuò pǐn zhōng miáo huì de shēng dòng huó xiàn	这位作者在他的作品中描绘得生动活现。
How much do you know about the works of William Shakespeare?	Nǐ duì wēi lián shā shì bǐ yà de zuò pǐn zhī duō shǎo	你对威廉莎士比亚的作品知多少?